U0571257

MTA经典案例丛书

全景栾川

——县域旅游目的地发展经典案例

Quanjing Luanchuan

邹统钎 主编

图书在版编目(CIP)数据

全景栾川/邹统钎主编.—北京:经济管理出版社,2014.11
ISBN 978－7－5096－3047－1

Ⅰ.①全… Ⅱ.①邹… Ⅲ.①栾川县—概况 Ⅳ.①K926.14

中国版本图书馆 CIP 数据核字(2014)第 067952 号

组稿编辑:王光艳
责任编辑:许　兵
责任印制:黄章平
责任校对:张　青

出版发行:经济管理出版社
(北京市海淀区北蜂窝 8 号中雅大厦 A 座 11 层　100038)
网　　址:www.E－mp.com.cn
电　　话:(010)51915602
印　　刷:北京画中画印刷有限公司
经　　销:新华书店
开　　本:710mm×1000mm/16
印　　张:12
字　　数:198 千字
版　　次:2014 年 11 月第 1 版　2014 年 11 月第 1 次印刷
书　　号:ISBN 978－7－5096－3047－1
定　　价:48.00 元

旅游管理专业学位硕士研究生（MTA）案例丛书编委会

编委（按拼音排序）

总　序

2010年9月，国务院学位委员会设立了旅游类专业学位硕士——旅游管理专业学位硕士（Master of Tourism Administration），简称MTA。MTA主要招收具有一定实践经验，并在未来愿意从事旅游业工作的人员，其目标是培养具有社会责任感和旅游职业精神，掌握旅游管理基础理论、知识和技能，具备国际化视野和战略思维能力，敢于挑战现代旅游业跨国发展的高级应用型旅游管理人才。我国共有56所高校获得了第一批旅游管理专业学位硕士（MTA）授予权。

MTA可以借鉴MBA的经验，但是MTA绝对不能照搬MBA的模式，由于行业特征突出，在规模上无法同MBA相比，因而专注行业、服务地方才是MTA的制胜之道。

一、世界名校MTA教育经验

瑞士洛桑酒店管理学院、美国康奈尔大学、佛罗里达国际大学和中佛罗里达大学、香港理工大学都是世界上旅游管理专业名列前茅的学校，它们在培养目标定位、课程设置和就业指导方面各具特色，培养了一批又一批世界级的旅游行业领袖。

1.培养目标定位

世界著名旅游院校在专业学位硕士培养方面都有自己明确的目标定位。洛桑酒店管理学院的酒店管理硕士MHA的定位是培养酒店业的领导者，而且要培养与酒店相关的一般服务行业的领导者；康奈尔大学的酒店管理硕士MMH的定位是培养新一代的世界最大和最具活力的产业领袖，而且是能够引领酒店业潮流的领袖；佛罗里达国际大学酒店管理硕士的定位是培养旅游与酒店行业的领导者；中佛罗里达大学旅游与酒店管理硕士的定位是培养集教育、科研、学术于一身的产业领袖；香港理工大学旅游与酒店管理硕士的定位是培养全球旅游与酒店行业的国际领袖、教育家以及研究人员。从上述可以看出这几所学校的旅游与酒店管理硕士的培养目标都是领导者，但具体的定位各有特点，见表1。

表1　世界旅游名校旅游管理专业学位硕士项目的定位与特色

学　校	目标定位	特　色
洛桑酒店管理学院	酒店及酒店相关行业的领袖	不仅仅局限于酒店行业，更渗透到一般服务业
康奈尔大学	新一代世界级产业领袖	“世界级”，而且能引领酒店业潮流
佛罗里达国际大学	旅游与酒店行业的领导者	一般领导者
中佛罗里达大学	酒店和旅游方面集教育、科研、学术于一身的产业领袖	集教育、科研、学术于一身
香港理工大学	全球旅游与酒店行业的国际领袖、教育家以及研究人员	不仅仅培养行业领袖，也培养教育家和科研人员

2.课程设置

课程设置是教育教学中非常重要的一个环节，它关系到整个教学过程如何展开。世界著名的旅游院校的课程大都由三部分组成：理论课、实践课以及毕业论文报告。但在具体课程设置上不同学校各具特色。

洛桑酒店管理学院的理论课主要表现为四大模块：酒店艺术、管理科学、战略和公司愿景以及创新和领导。在不同的模块下面设置不同的课程，酒店艺术和管理科学模块主要是让学生对酒店业有基本了解并掌握一些财务知识和技能；战略和公司愿景以及创新和领导模块主要是让学生了解最新的行业动态并掌握适应行业需要的领导能力。实践课主要包含了四个实践项目：管理业务项目、职业生涯工作坊、专业发展小组和行业游历。

康奈尔大学MMH的理论课主要包括核心课（如公司财务、管理会计、服务营销管理、运营管理和人力资源等）、集中选修模块课（如市场营销、运筹和税收管理、房地产金融与投资等）和自由选修课，实践项目包括专业培养项目、领导培养计划、实习、酒店管理论坛和大师课堂。

佛罗里达国际大学和中佛罗里达大学的课程设置基本一样，都包括必修课和选修课以及毕业实习。香港理工大学的理论课是由必修课（如旅游与酒店营销、旅游与酒店人力资源、研究方法等）、选修课（如信息管理、文化旅游、服务质量管理、会展管理、旅游战略管理、会议旅游等）以及一些特殊选修课（如会议和事件管理等）组成，实践课包含一个学习技能工作坊。

从以上资料来看，由于不同学校的文化背景不同，目标定位也不同，因而课程设置突出了不同的重点，见表2。

表2　旅游管理硕士课程设置特点

学　校	课程设置特点
洛桑酒店管理学院	理论教学主要集中在商学领域，强调操作技能和全面管理，实践教学重在培养学生岗位适应能力
康奈尔大学	理论教学主要集中在商业和管理领域，实践教学注重培养学生的领导能力
佛罗里达国际大学	理论教学注重管理技能和研究方法的培养，实践教学主要集中在产业实习上
中佛罗里达大学	理论教学注重培养学生职业能力和综合素质，实践教学注重行业经验的获取
香港理工大学	理论教学主要集中在经济管理以及语言上，并注重研究方法的使用，实践教学注重产业适应能力的培养

3.就业指导

就业指导工作是旅游教育中非常重要的一个部分，它在一定程度上关系到学生的就业率以及学校的生源。世界旅游名校旅游与酒店硕士教育在就业指导方面有一些非常成功的经验。一是重视就业指导，主要表现在将就业指导贯彻整个教学的始终，从学生进入学校起就开始培养他们就业的各种技能，并在不同的阶段开展不同的培训课程和实践活动。二是拥有庞大的校友网络，通过多年的积累，校友网络能把历届优秀的校友联系在一起，形成非常强大的资源，为学生提供良好的职业发展机会。当然不同的学校在就业指导方面各具特色，具体的比较如表3所示。

表3　就业指导的机构与功能

学　校	就业指导情况
洛桑酒店管理学院	设有就业指导中心；拥有分布于120个国家的近25000人的校友网络
康奈尔大学	为每位学生安排一位业界校友作为成长导师并提供就业指导；拥有11000人的校友网络
佛罗里达国际大学	设有职业规划办公室，提供各种职位信息；校友协会，提供各种就业机会
中佛罗里达大学	设有职业发展中心、职业发展工作坊、个人评估的工具（迈尔斯布里格斯类型指标）

二、我国MTA教育的发展方向

1.明确培养目标，培养全球旅游产业领袖

国务院《关于加快发展旅游业的意见》（国发〔2009〕41号）提出“把旅游业培育成为国民经济战略性支柱产业和人民群众更加满意的现代服务业”，“力争到2020年我国旅游产业规模、质量、效益基本达到世界旅游强国水平”的战略目标。另外，到2015年，预计我国游客市场总量可达35亿人次。伴随着旅游市场需求的多样化，届时我国旅游业对高层次应用型人才的需求将更大。结合我国旅游发展的战略要求和旅游市场的人才需求，借鉴国外旅游管理硕士教育经验，我们提出MTA要培养全球产业领袖。即培养具有社会责任感和旅游职业素养、具备国际化视野和战略思维能力、能够胜任现代旅游业实际工作的全球领袖人才。为确保旅游产业领袖目标的实现，MTA的课程设置、师资配备、教学方法、就业指导等方面也都要以此为指导全面展开，并落到实处。

2.完善课程体系，创新课程设置

在课程设置上，借鉴国外优秀的教育经验，并结合本国旅游产业环境的实际情况，将MTA课程体系分为五部分：公共基础课、MTA核心课、MTA必

修课、MTA选修课和MTA模块课。

公共基础课主要包括英语、哲学、传统文化等课程。

MTA核心课主要包括管理的一些基础课程，如旅游会计学、旅游营销学、旅游运营和管理、旅游公司理财、旅游战略管理、旅游法律法规、旅游信息系统与电子商务、旅游人力资源、旅游前沿理论等，使学生全面了解并掌握旅游行业管理中所需的基本知识和技能。

MTA必修课主要包括领导科学和艺术、服务精神与艺术、管理经济学、管理统计学、文献阅读与论文导向等，使学生对自己的定位——旅游产业领袖的特质领导能力和服务精神有更加深入的了解，同时也培养了他们作为研究生应具备的写作能力。

MTA选修课主要包括旅游目的地、旅行社、酒店以及会展等方向的一些细分课程以及关于旅游产业领袖和旅游服务精神的专题课程等。学生可以选择自己感兴趣的方向，深入了解，找准自己的定位。

MTA模块课主要包括旅游企业财务、战略、人事、营销、国际化和新业态六个模块，这些模块课都是在企业现场教学，使学生对企业各个方面的操作和运营有一个真实的了解，并锻炼学生在真实的环境中解决问题的能力。

3.建立校友网络，加强就业指导

综合几所世界旅游名校的就业指导经验，可以看出校友网络在促进就业上扮演着越来越重要的角色。我国MTA院校也应建立MTA校友会，以加强各界校友的联系，为学生提供更广阔的学习交流平台和实习就业机会。同时，设立MTA就业指导中心，提供全面的就业指导服务。第一学年，帮助学生做一个个人评估，让学生了解自己的职业兴趣和能力偏向，制定出自己的职业规划；第二学年，开展求职讲座和求职技巧培训，并提供各种产业实习的机会。最后，及时提供和更新各种企业的职位招聘信息，并对毕业生提供一对一的就业指导。

三、BISU-MTA——未来旅游产业领袖的摇篮

北京第二外国语学院MTA（简称BISU-MTA）是国内MTA的急先锋。2010年10月下旬，国务院学位委员会成立了首届全国旅游管理专业学位硕士研究生教育指导委员会。在此之前，2010年9月25日，由北京第二外国语学院、中国旅游人才发展研究院、北京旅游发展研究基地联合举办的“中国旅游高端人才培养与MTA项目实施研讨会”在北京国际饭店隆重召开。与会者就MTA的人才培养模式进行了智慧碰撞。

1.BISU-MTA的核心理念

（1）人才培养类型——旅游产业领袖。北京第二外国语学院在国家旅游局的指导下，在学校领导的支持下，创造性地提出了MTA培养的核心理念，即培养未来旅游界的产业领袖。旅游产业领袖就是具有全球愿景和国际化视野，在竞争激烈的国际旅游市场中敢于冒险和挑战，具有创新和团队合作能力，领导追随者实现组织目标的人。

（2）战略途径——国际化、产学研一体化。国际化包括与国外旅游院校的交流合作、师资团队的国际化、教学环境的国际化以及学生参与国际学习和实习的机会。目前北京第二外国语学院旅游管理学院的国际化主要体现在教师的国外交流、国际项目合作、招收留学生三方面。为了培养全球旅游产业领袖，北京第二外国语学院将进一步引进国外的师资，在MTA的授课中采取双语或纯英语教学，并建立更多国外实习基地。

产学研相结合中的“产”是指校内外的各类产业和生产实践活动，产业需求是院校办学的立足点和驱动力；“学”是指教育教学，包括理论教学和实践教学以及对学生知识能力、综合素质的培养和教育，“学”是办学之本，是产学研的核心；“研”是指教研、科研等实践活动，“研”是办学的先导和技术支撑。北京第二外国语学院以服务国家旅游产业、服务北京建设世界旅游城市为己任。为培养旅游产业领袖，北京第二外国语学院将进一步完善产学研一体化体系建设，真正做到以研助产、以研促学、以产辅学。

2.BISU-MTA的方向设置与课程体系

MTA的培养与普通旅游管理硕士的培养有明显的不同，MTA教育在教学

内容上坚持理论与实践相结合，突出旅游业关联性强、辐射面广和构成复杂的特点，在核心必修课程的基础上，融合不同的模块课程进行旅游管理能力和专业业务能力的培养。

北京第二外国语学院的MTA设置六个培养方向，分别是：酒店管理、旅行社管理、旅游景区管理、会展管理、旅游公共管理和旅游新业态管理。课程体系分为五大部分，分别为：公共基础课、MTA核心课、MTA必修课、MTA选修课和MTA模块课。其中公共基础课主要是英语、哲学和传统文化学习，其他课程的详细内容如表4、表5、表6、表7所示。

表4　MTA核心课

旅游法律法规	旅游人力资源
旅游会计学	旅游营销学
旅游运营与管理	旅游公司理财
旅游战略管理	旅游信息系统与电子商务
旅游前沿理论	

表5　MTA必修课

领导科学与艺术	服务精神与艺术
管理经济学	管理统计学
文献阅读与论文导写	

表6　MTA选修课

旅游休闲经济理论与实践	旅游产业政策解读
旅游目的地开发与规划	旅游创业与创新
旅游市场营销理论与实践	旅游新业态
旅行社管理与实践	服务管理新技术新方法
饭店管理理论与实践	旅游产业领袖专题
旅游景区经营与管理	旅游服务精神专题
会展经济与管理	服务质量管理
旅游商务英语	旅游企业文化

表7　MTA模块课

旅游企业财务模块	旅游企业营销模块
旅游企业战略模块	旅游企业国际化模块
旅游企业人事模块	旅游新业态模块

3.BISU-MTA的三大教学方法与五大师资力量

MTA教育在教学方法上要注重启发学生思维，将课程讲授、案例研讨、团队学习和专业见习与实习等多种方式相结合，旨在培养学生的思维能力及分析问题和解决问题的能力。北京第二外国语学院的MTA借鉴国外专业学位硕士教育的经验，采取了以下三种教学方法：

（1）案例教学。北京第二外国语学院将通过同地方旅游局、旅行社、酒店、景区、会展等机构合作创建MTA案例库，在真实的旅游产业环境中培养学生角色扮演、行业分析、寻找解决方案的能力与方法。

（2）产业问题学习法（FBL）。产业问题学习法（以下简称FBL）是哈佛商学院的教学方法之一，它是由三个或三个以上的人组成团队，在教师指导下，同赞助机构紧密合作，解决现实的产业问题。FBL同样可以运用到MTA的教学中，通过带领学生到旅行社、酒店、旅游景区、航空公司等具体的旅游产业环境中去解决现实的产业问题，培养学生的问题处理和决策能力。

（3）现场体验学习法（IE）。现场体验学习法为学生提供一个“浸入”到全球学术、文化以及不同组织中工作的机会，使学生能够将课堂学到的一些领导理念运用到管理实践中，并与社团和企业领导人进行直接的互动。在MTA的教学中，尽量为学生提供游学的机会，到不同的国家和地区获取真实体验和经历。

实行双语教学与纯英语教学。为促进MTA教育的国际化，北京第二外国语学院MTA主要采取双语教学或纯英语教学。纯英语教学主要由外国教师担任，使学生拥有良好的英语学习环境，同时培养学生双语学习的能力，为国际化事业打好语言基础。

MTA的师资来源是保证MTA教育成败的关键。按照国家旅游局的要求，结合学校特色与实力，北京第二外国语学院提出了MTA五大师资来源，分别是：业界领袖，国内旅游业公认的领军人物；咨询机构，旅游业内著名咨询师；政府工作人员，国家旅游局、各地方旅游局相关政策制定者；高校名师，北京第二外国语学院3位副校长、5位学院院长挂帅MTA课堂；国内著名教授；世界名流，国际大型旅游集团总裁，国际知名学者。

四、BISU-MTA的六个合作领域

MTA教育强调实用性，因此需要与产业界人士建立广泛而深入的联系，从产业的人才需求出发，开设课程，进行培养。在产业合作方面，北京第二外国语学院提出了六大合作领域。

1.调研合作

MTA培养旅游行业实用型高级人才，因此，对企业人才需求的准确把握就显得尤为重要。北京第二外国语学院将深入企业一线进行调研，真正了解企业人才的需求现状，根据企业需求，设定培养方案，然后再交由企业修改，如此反复，最终制定出准确、有效的MTA培养体系。

2.导师合作

MTA实行双导师制，一名学生由两名导师指导，包括学术界的导师和产业界的导师。北京第二外国语学院将邀请业内的行业领袖来担任MTA学员的第二导师，让现今的行业领袖去培养未来的行业领袖。

3.定制合作

与一些大型旅游企业或各旅游局合作培养MTA学员，实现MTA培养的定制化。对这些MTA学员，可以根据企业或者地方特色，开设特色课程，使旅游人才的培养更具有针对性。

4.课程合作

现在很多企业内部都有成型的培训课程体系，北京第二外国语学院将邀请有成型培训课程的企业老师带着课程进课堂，因为这些课程真正来源于企业一线实践。将企业内部的课程放到MTA平台上来，将惠及更多的业内人士。

5.案例合作

MTA教育的一个重要内容就是案例教学，北京第二外国语学院首先提出了两年30个高质量案例的教学模式。通过对我国旅游企业的案例整理，建立具有中国特色的MTA案例库。

6.实习基地的战略合作

与众多旅游企业建立战略层面上的合作，包括建立实习基地、学员就业推荐、MTA教师进入企业顶岗培训、企业管理层在岗培训等。北京第二外国语学院目前已经建立了30余家战略合作实习基地，未来还将建立30家左右的实习基地，打造MTA实践教学的平台。

邹统钎

2013年1月1日

目　录

第一章　昔日栾川

栾川，地处豫西伏牛山区，古名曰“鸾川”，而“鸾川”之名的由来，传说是因为曾经生活在那里的人们到处都可以看到栖息、觅食和飞翔的鸾鸟，甚为壮观，后来人们就渐渐地称那里的山为鸾山，那里的河为鸾水，而河之畔则称为鸾川。然而，美丽的青山、绿水、鸾鸟只是那片贫瘠的土地披在身上的外衣，在“衣不暖身，食不果腹”的年代，人们又会有多少闲情逸致来欣赏这颗遗落在豫西大地的“明珠”呢？反而更多地关注满眼的丘陵坡地，怜惜着仅仅16万亩的耕地，哀叹着人均不足5分的养家糊口之地，因此，栾川素来又被人们相传为“四河三山两道川，九山半水半分田”。在如此的地势地貌下，栾川赋予生活在那里的人们的宿命为：闭塞、贫穷、落后和无穷尽的困扰。当生命降落在栾川的那一刻起，又会有多少人期盼着能走出这贫穷的尽头，跳到另一片天地？然而，贫穷，它依旧是现实，像癞皮狗

图1-1　栾川老照片

一样，流浪在栾川的每一个角落，骂不走、赶不跑。自1986年起，国家第一次确定贫困县名单时，栾川就榜上有名，至今仍顶着国家级“贫困县”的帽子。这顶帽子就是那块土地头顶上的“紧箍咒”，紧紧地束缚着那块土地发展的命脉，使生活在那里的人们在痛苦与贫穷的深渊里挣扎着、迷失着。试问，有多少个日日夜夜，又有多少祖祖辈辈在夜深人静的时候望着脚下的土地慨叹道：路在何方？

而如今，展现在栾川大地上的却是另一番全新的景象，山依旧很美、水依旧清澈，但不同的是昔日困扰人们的地势地貌却成了今天开启每家每户幸福生活的“金钥匙”。每天都有来自全国各地的游客来一睹栾川的风采，家家户户的旅游事业都做得风风火火，人们正在通过旅游这条“绿色的产业链”一步步走在通向小康的大道上。望着滚滚而来的财富，节节攀高的生活水平，我们禁不住地疑惑起来，到底是什么原因致使栾川出现了如此巨大的变化，又是什么原因促使栾川的旅游做得如此成功？

所有的疑惑仅是因为我们在远观，那么，就让我们共同走进栾川，揭开它神秘的面纱，探索其成功的旅游发展模式，聆听其发展变化背后的故事吧。

图1-2 栾川县城新面貌

第一节 那些年的栾川记忆

从2000年以前一个不为人知的山区贫困县，到如今名满中原、享誉全国的旅游强县，一路走来，栾川到底经历了多少挫折，迈过了多少坎坷？

一、山沟沟里的贫困县

作为一个“资深”国家级贫困县，栾川到底贫困到何种程度呢？

“叶落，而知秋来”，那么，让我们共同走进栾川县的重渡沟村来感受一下栾川贫困的气息吧！旅游开发之前的栾川县重渡沟村可谓是贫困得“远近闻名”。其地处于群山环抱之中，属于典型的深山区，交通极为不便，去趟县城都要沿着崎岖的山路翻越好几座大山。村民们祖祖辈辈守着几分薄田，靠砍竹子、简单加工成竹器为生。20世纪90年代末，全村人均收入还不到500元。贫穷而生无知，无知而生邪恶，整日被困在深山里的村民们在干完农活之余便无所事事，于是滋生了聚众赌博、酗酒闹事等许多陋习。在物质极其匮乏而又走投无路的情况下，也许求神告佛对于贫穷的人们来说未尝不是一个好的出路，虽然有点“阿Q”精神，但也算是在灰暗的生活里所寻找到的一丝慰藉吧！所以，那时候，每到周末，村里破旧的小教堂里都挤满了做礼拜的人。同样因为穷，村里许多孩子上不起学，小伙子们大多娶不上媳妇，姑娘们则争先恐后要嫁到外面去。久而久之，重渡沟村便成了远近闻名的“六多”村：失学儿童多，光棍汉多，赊欠贷款多，聚众赌博多，酗酒滋事多，进教堂多。

图1-3 20世纪八九十年代的重渡沟村

不仅仅是重渡沟村，其他村镇的条件也好不到哪里去。鸡冠洞周围的山坡上是一片一片开垦出来的玉米地，每到秋冬季节，庄稼收割之后的地表便露出大片的黄土。农民们都住在破旧的土坯房子里，只有一条窄小的土路通往山外。就连县城也是破旧不堪，20世纪80年代的栾川县城，令人们记忆犹新的是，城内街道狭窄拥挤，市容脏乱不堪，交通闭塞，与外界联系十分困难。“脏、乱、差”的栾川情境被当时的人们编成了一句句顺口溜：“污水满街流，泥路难行走，猪狗满街跑，进城就犯愁”；“灯不明、路不平、一街两行包子棚”。如此破旧的县城严重制约了县域经济的发展。1992年，深圳一家公司老板携带120万元欲来栾川投资办企业，但是在县城仅仅住了一天就拨马而回，临走时，他扔给旅店老板一句话：“栾川太差，不是我投资的地方。”①

二、钼业助力经济腾飞

造物之神是公平的。巍巍山川在阻碍栾川人与外界往来的同时，也赐予了栾川人巨大的财富。栾川位于亚热带向暖温带过渡的区域，地处全国著名的豫西多金属矿带中心。独特的地质构造和地理环境，使栾川拥有了巨大的矿产资源储存量，主要矿产资源有钼、钨、铅、锌、金、铁等50余种。其中，已探明钼金属储量220万吨，居亚洲第1位、世界第3位，被誉为“中国钼都”。钼是一种难熔金属，具有许多优良的物理、化学和机械性能，钼及其合金在冶金、化工和宇航等重要部门有着广泛的应用和良好的发展前景，在国民经济的发展中发挥着不可替代的作用。而钼矿的开发正如人们所预想的那样给这个贫困的县城带来了发展经济的契机。从20世纪80年代开始，采矿产业如雨后春笋般地发展起来，为栾川经济

图1–4 栾川钼矿开采

①栾川旅游发展的故事［OL］. http://blog.sina.com.cn/s/blog_4a2dfa93010004mp.html，2006–08–09.

的发展注入了一剂强劲的兴奋剂。

在1993~1997年这短短五年间，钼矿价格翻了好几番[①]。随着钼价的飞速上涨，早期从事矿产开发的企业和企业家迅速积累了大量的财富，采矿业也为地方的财政收入做出了巨大贡献。但这种稀有金属的丰富储量让栾川从贫穷的县城迅速成长为财政收入大县的同时，也将当地的贫富差距拉向了两个极端，富人更富、穷人更穷，而真正富裕起来的人还是少数。

三、钼价不稳，经济波动

与很多资源型城市一样，栾川经济形势的稳定与否在很大程度上依赖于资源形势的起伏。1997年，受东南亚金融危机影响，钼价暴跌，2000年后又开始上涨，至2008年钼价已增长了10倍左右；2008年的国际金融危机，钼价再次下跌[②]。一涨一跌之间，钼矿收入也随之发生了剧烈波动，对于栾川这个以采矿业为支柱产业的资源县来说，钼经济在全县经济发展中所占比重过大，抗风险能力较弱，容易受到市场行情的冲击，一旦钼价暴跌，栾川的经济形势必然面临挑战。

同时，钼工业也受到国家宏观经济政策的调控。2007年上半年，为了调整贸易出口顺差以及限制包括钼在内的高耗能产品的出口，我国关于钼行业的宏观政策频频出台，钼产品税收政策由鼓励产品出口退税到不退税，并对钼铁钨系列产品加征出口关税。从国家实施的一系列政策来看，控制钼资源的开采及外流一直是钼行业宏观调控的主导方向，而我国钼产品1/3依靠出口，国家宏观政策的变化对栾川钼工业影响重大。[③]

此外，钼产品技术含量低，资源浪费严重，采选比例失调的矛盾十分突出。以现年实际开采量计算，栾川现有的钼矿储量将仅能维持几十年，钼矿资源面临着枯竭的险境。一些企业受钼价上涨的利益驱动，为追求利益最大化，均存在着采富弃贫的现象，由于选矿技术水平低，钼矿的伴生产品没有

①桑燕."国家级贫困县20年记"[N]. 经济视点报，2006-08-10.

②金钼股份：从钼价的历史变化，看投资价值[EB/OL]. http://guba.eastmoney.com/news,601958,24921645.html.

③栾川县发展和改革委员会.栾川县域经济发展面临的机遇与挑战[NB/OL]，http://www.macrochina.com.cn/county/viewnews.asp?xnews=2007101511.

被充分回收利用，不仅严重浪费了矿产资源，且对自然生态环境也造成了巨大的破坏。

四、持续发展须另辟蹊径

尽管矿产开发带来了可观的经济利益，但“靠山吃山”总会有“坐吃山空”的时候，采矿终究不是长远之计。栾川县领导班子和有识之士并没有为眼前的经济利益所蒙蔽，而是登高望远，未雨绸缪，为栾川的未来持续发展寻找新的出路。他们意识到：首先，以栾川的自然环境和土地资源，大规模农业化的道路很难实现——全县耕地面积仅16万亩，人均不足5分地，且多为丘陵坡地，依靠“九山半水半分田”的土地资源发展农业肯定是死路一条；其次，传统的工业化路径走不通——传统工业化道路的发展门槛过高、全国市场的过度饱和与极度竞争、栾川制造业基础的薄弱和区位劣势，决定了栾川的发展不能走传统的工业化道路。

面对钼价的频繁波动、矿产资源枯竭、传统的第一产业、第二产业发展困难等状况，栾川的决策者们陷入了苦苦思索的困境：如何才能摆脱传统矿产资源的束缚，实现经济腾飞，使所有老百姓共同富裕起来？大山深处的栾川，除了矿产资源，就没有其他资源可供持续利用，来造福一方百姓吗？看着那阻隔交通、连绵不绝的山脉，经过无数个假设与论证，无数个辗转反侧的不眠之夜后，一个看似“大胆”、“荒谬”的想法逐渐浮现在他们脑中：发展旅游！巍巍山川虽然阻碍了栾川人与外界的往来，但却是一种得天独厚的旅游资源；旅游业是快速兴起的绿色产业，发展旅游业不仅不会浪费资源、污染环境，反而能够促进生态环境的保护，促进交通、贸易等产业的发展，最重要的是，旅游业能够增加就业岗位，使一直依靠薄田糊口的农民都找到新出路，从而达到全民富裕。

有了发展旅游的想法，领导班子就开始考察其实施的可行性。当时有不少人在质疑：栾川对外交通不畅，离最近的城市——洛阳也有180多公里，且多是崎岖盘旋的山路，游客如何肯来？为了证明旅游业的可行性，当时的领导班子成员一行奔赴交通不便的四川九寨沟考察，汽车从成都到九寨沟整整跑了一天。但是， 也就是这次考察，得出了“交通不是制约旅游发展的根

图1-5　巍巍伏牛山山脉

本因素”的结论，更坚定了决策层发展旅游业的决心。[①]

第二节　“丑小鸭”的蜕变之路

以1992年鸡冠洞的开发为起点，栾川就踏上了旅游的征程，一路走来，经历了几多坎坷，也取得了数不清的成就。

一、初识旅游，摸索中前进

2000年之前可谓是栾川旅游的初创期，这个时期的旅游开发主要处于探索阶段，大家都是“摸着石头过河”，没有现成的模式可供参考，开发条件之艰辛、面临压力之巨大都是常人难以想象的。旅游景区的开发者们凭着对造福百姓信念的执着和对旅游开发的热情，硬是在深山中创造出一个个世外桃源：1993年4月10日，栾川第一个旅游景区鸡冠洞开景庆典仪式隆重举行；1994年5月，龙峪湾景区正式对外开放；1999年7月，重渡沟开始营业，并迅速引发了乡村旅游的热潮……

①韩嘉俊，张莉娜.栾川发展县域旅游经济的探索与实践[EB/OL].河南旅游咨询网，http://www.hnta.cn/NewsHtmls/News_5377，2006-11-23.

图1-6 重渡沟风景区开业庆典

二、快速发展，"栾川模式"一鸣惊人

2000 ~2005年，是栾川旅游的快速发展阶段，在这期间，栾川县兴起了旅游景区开发热潮，老君山、倒回沟、养子沟、伏牛山滑雪场等一个个风景区闪亮登场。

2000年的县委八届三次全会是栾川旅游发展史上的一个重大转折点，会议响亮地提出了"旅游强县"战略，出台了《关于进一步加快旅游业发展的决定》，要求"大抓旅游，抓大旅游"。这是栾川调整产业结构，培育新的经济增长点的一次战略决策的尝试，也象征着栾川旅游业发展的春天的到来。栾川县四大班子领导达成了共识，提出了"工矿兴县，旅游强县，特产富县"的三大发展战略，把旅游强县作为调整产业结构、优化资源配置、培育新的经济增长点的第一发展战略，打响了一场"干部群众齐动员，集体民营一起上，全党抓旅游，全民干旅游，誓要山水变黄金"的群众化旅游经济战。旅游业被确定为县里的"一号工程"。县委、县政府主要领导带头抓、亲自抓旅游业，成立了由6名县级领导为正副组长，25个县直委局一把手为成员的旅游工作领导小组，统一领导全县旅游工作，设立县旅游工作委员会，强化对旅游工作的日常指导和综合协调。

自2001年以来，县委、县政府把旅游工作纳入全县各单位、各乡镇目标考核体系中，做到目标明确、责任到人、措施过硬，奖惩分明。在政策方面，栾川县政府出台了《栾川县旅游业发展专项引导资金使用管理办法》，县财政每年拿出1000万元资金扶持旅游业发展，重点用于旅游整体形象宣传、规划编制、项目建设奖励补助、旅游品牌建设、游客招徕、节庆活动，旅游要素配套、人才培训、公共服务体系建设等方面的补贴与奖励。①

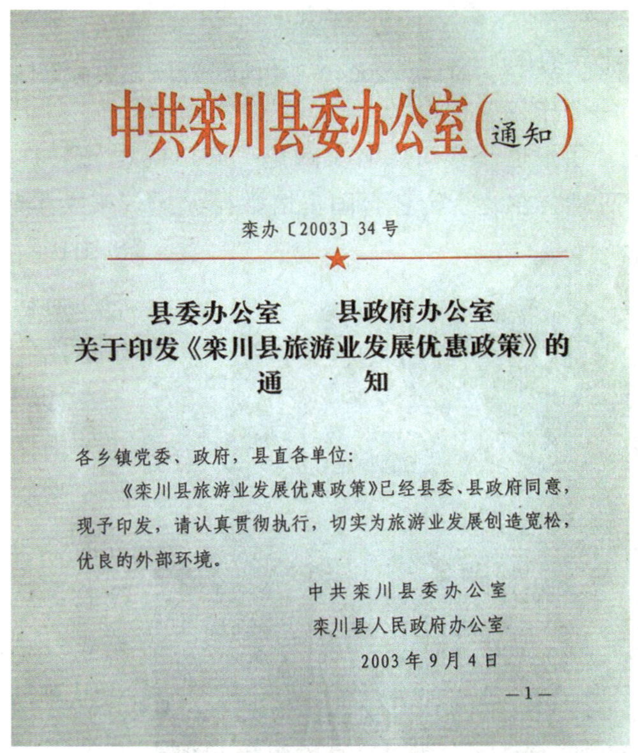
中共栾川县委办公室（通知）

栾办〔2003〕34号

县委办公室　县政府办公室
关于印发《栾川县旅游业发展优惠政策》的
通　知

各乡镇党委、政府，县直各单位：

《栾川县旅游业发展优惠政策》已经县委、县政府同意，现予印发，请认真贯彻执行，切实为旅游业发展创造宽松，优良的外部环境。

中共栾川县委办公室
栾川县人民政府办公室
2003年9月4日

—1—

图1-7　2003年栾川县旅游业发展优惠政策“红头”文件

终于，功夫不负有心人，所有的努力与付出都换来了累累硕果。2004年8月，中共河南省委政策研究室和河南省旅游局组织课题组进入栾川调研，写出了《休闲栾川的崛起之路》的调研报告，栾川旅游发展引起了高层领导的关注。

①河南省委政策研究室，河南省旅游局.“休闲栾川”的崛起之路[EB/OL].搜狐旅游网，http://travel.sohu.com/20050706/n226210427.shtml，2005-07-06.

2004年10月，《中国旅游报》头版刊发的文章——《“栾川模式”考》，将栾川模式概括为“党政主导，部门联动，注重营销，市场化运作，产业化经营”，使名不见经传的栾川引起了业界的广泛关注（2006年《中国旅游报》再次专题报道《栾川旅游实践与“栾川模式”》）。2005年3月，“栾川模式”研讨会在北京钓鱼台国宾馆举行，30多家媒体聚焦栾川，20多位国内外知名旅游专家参与研讨。栾川旅游开始享誉全国。

CHINA TOURISM NEWS

中国旅游报

“栾川模式”考

图1-8　2004年《中国旅游报》头版刊发《“栾川模式”考》

图1-9　“黄金周”期间游人如织的鸡冠洞景区

2005年11月23日，在云南昆明中国国际旅游交易会期间，国家旅游局牵头举办了“宁波经验·焦作现象·栾川模式”总结推广峰会。一时间，“栾川模式”轰动全国。2005年栾川接待游客达到389万人次，与2000年同期相比翻了4番，旅游总收入达到10.8亿元，同期增长了20倍，栾川这个贫困的深山区县创造了旅游业跨越式发展的奇迹①。

①韩嘉俊，张莉娜. 栾川发展县域旅游经济的探索与实践[EB/OL]. 河南旅游咨询网，http://www.hnta.cn/NewsHtmls/News_5377，2006-11-23.

三、转型提升，招商引资出妙计

2005~2010年，栾川的旅游业保持着快速发展的势头，但是在快速发展的同时一些问题也初露端倪：随着国民经济的发展和人民生活水平的提高，大众旅游需求也在不断增加。但是栾川的大多数景区仍然是国有企业，由于机制不健全、资金后续投入不足等问题，老君山、滑雪场等景区经营一度陷入困境，收入远远不能满足建设支出，最终形成景区管理效率低下、资金链条断裂、旅游服务设施建设落后等问题。

图1-10 栾川领导为创建“中国旅游强县”、“伏牛山世界地质公园”召开会议

在此背景下，栾川县委、县政府的领导们通过苦思冥想，集思广益，终于想出了一系列“妙计”：

妙计之一，就是“以工扶游”推动民间投资，制定一系列优惠政策，吸引民间资本，尤其是当地工矿业资本，投入旅游业，并成功“游说”了当地的矿产大户李松风和杨植森投资滑雪场和老君山，使这两处景区成功完成了改制，政企分开，按照旅游开发公司的体制来经营景区。这一妙计不仅使景区摆脱了传统体制的束缚，更为景区带来了大量的资金用于旅游深度开发、营销，给景区的发展注入了新的活力。

妙计之二，是千方百计为栾川打造“知名旅游品牌”，成功创下了“中国旅游强县”和“伏牛山世界地质公园”两块响当当的“金字招牌”。当时的县委常委、宣传部部长黄玉国回忆起这段历史时仍然激情澎湃：创建“中国旅游强县”时，在旅游领导小组的带领下，旅游工作委员会（以下简称旅工委）调动全县各个部门的力量，按照国家旅游强县的标准，哪里不达标就整治哪里，甚至把城建的活都干了，并且栾川这个旅游强县是中国仅有的17个旅游强县之一；而创建“伏牛山世界地质公园”时更是“惊险”：位于伏牛山南部的南阳市率先提出创建世界地质公园，而根据规定，一旦创建成功，位于伏牛山北坡的栾川就不能再次申报创建了。大家强烈感觉到，创建机会难得，如果不能抓住这次机会，栾川就要永远失去这块牌子了，并且伏牛山南北面合为一体，地质多样性和生物多样性更加丰富，更有助于申报的成功。因此，洛阳市就向省国土资源部提出和南阳市共同创建“伏牛山世界地质公园”，争取到了省国土资源部的支持，然后争分夺秒地按照世界地质公园的标准进行建设，终于得以和南阳市一起接受联合国教科文组织的验收，并一举成功。这两块“金字招牌”的成功拿下，不仅大大提升了栾川旅游的知名度和美誉度，而且有助于栾川旅游品质的提升，特别是导游词，不再仅仅局限于神话传说，还能为游客普及科普知识，达到寓教于乐的目的。

图1–11　栾川被评为“中国旅游强县”

图1–12 伏牛山世界地质公园

妙计之三，是创新营销体制，利用市场要素推动旅游的发展，逐渐改变之前利用行政手段强力推动营销的局面，提出“政府做形象，企业做市场”的思路。由政府补贴帮助景区在中央电视台、河南电视台等主流媒体做形象宣传，实行品牌、景区、资金、人员和手段五个整合，克服了资金不足的困难，改变了以往“零、散、弱、小”的状况，树立了栾川旅游的整体形象品牌。

此外，在这一阶段还对栾川旅游的服务质量也进行了狠抓和提升。黄玉国总是教育大家说：“要做什么样的市场，就要有什么样的服务：要挣栾川人的钱，只要栾川人说你服务好就行；要挣河南人的钱，至少要郑州人说你服务好才行；要挣全国人民的钱，你的服务质量就要向北京看齐。”为了提升酒店的服务质量，旅工委主任带着各大酒店老板出去“花钱”：哪里贵就住在哪里，哪里贵就吃在哪里；亲身感受优质的服务，才能体会到自身在服务上的差距，才有动力做出积极改变。为了提升景区从业人员的服务水平，县里每年都要对他们进行专业培训，并连续举办了两届小吃大赛、服务比赛，以此激发大家的参与热情。在这几年的整治提升中，栾川的整体接待水平取得了实质性的提升和突破，服务意识显著增强。

图1–13　“伏牛山地质公园”申报后迎接专家考察队伍

四、登高望远，打造“全景栾川”

经过十多年的摸爬滚打，栾川的旅游业已初步形成规模，打造出了一批精品景区，创造了巨额的经济收入，在省内人气旺盛，在全国也小有名气。但是，随着旅游业的迅速发展，一些不足之处也逐渐显露出来：旅游类型主要停留在简单的观光层次、门票经济明显，尤其是在一个小县内有多个精品景区，各个景区之间极易形成竞争性关系；同时，要想全县发展旅游业，仅靠几个景区单打独斗是远远不够的，栾川迫切需要一个涵盖全县域的旅游规划，全面整合旅游资源的发展思路。

适逢党的十八大报告提出 “全面建成小康社会、建设美丽中国”的宏伟目标，把生态文明建设放在了更加突出的重要位置，河南省委、省政府在《河南省旅游业“十二五”规划》中将栾川纳入伏牛山休闲度假区功能板块重点发展，洛阳市委、市政府提出将建设“栾川养生度假区”作为“建设国际文化旅游名城”的核心引擎之一。以县委副书记宗玉红为首的栾川县旅游工作领导小组深深感到一定要抓住这个战略机遇，使栾川的旅游事业再上一层楼。在“栾川模式”的基础上，栾川县根据“建设全省科学发展示范县、打造洛阳新名片”的发展定位，确定将打造“全景栾川”作为栾川县域经济发展的目标。

“全景栾川”是发展全域旅游的一种探索性实践，也在全国率先树立了县域范围内探索全域旅游的范例，将全县城乡按照旅游景区的理念来规划；将全县各个行业按照旅游的标准来建设；将全县各个产业融入旅游要素来发展：一方面化整为零，将旅游目的地划分成具有不同功能和不同特色的旅游片区，同时连点成线，将不同类型和特点的景点和吸引物串连成旅游线。另一方面，结合现有旅游景区和接待体系的分布，全域布局，优化空间结构，构建“一核、二区、

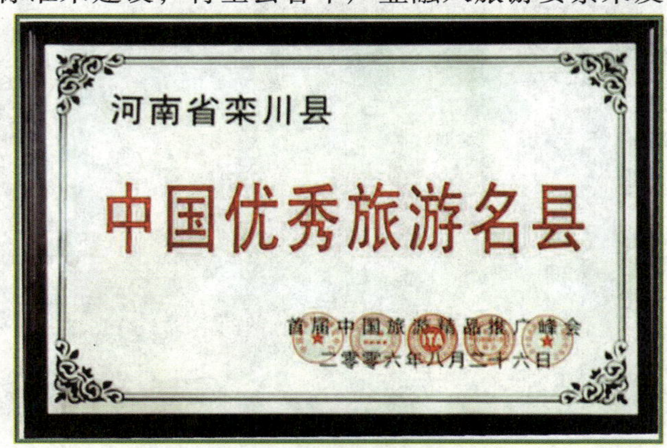

图1–14 中国优秀旅游名县

三带、八组团”的旅游休闲空间格局，打造山地观光、度假、运动、养生四位一体的产品体系，使全民参与旅游发展，共同分享旅游成果，使整个栾川成为一道宜居、宜游、宜业的亮丽风景。

在短短的不到30年的时间里，栾川已经发生了翻天覆地的变化。现在的栾川已经今非昔比了，而是中原地区著名的生态旅游热线和“中国优秀旅游名县”、“中国最美的小城”、“中国生态旅游百强县”、“国家生态县”、“国家卫生县城”、“全国文明县城”、“全国休闲农业与乡村旅游示范县”。

图1–15　中国最美的小城

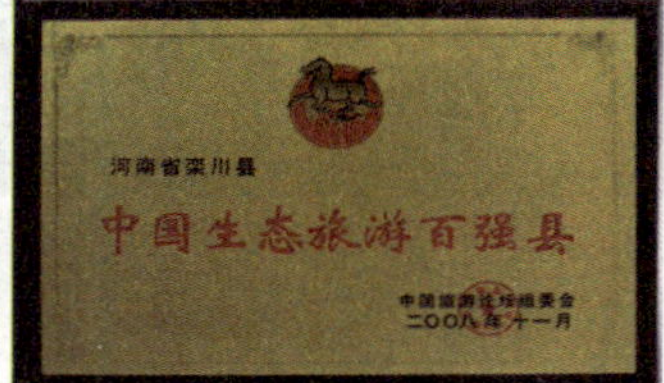

图1–16　中国生态旅游百强县

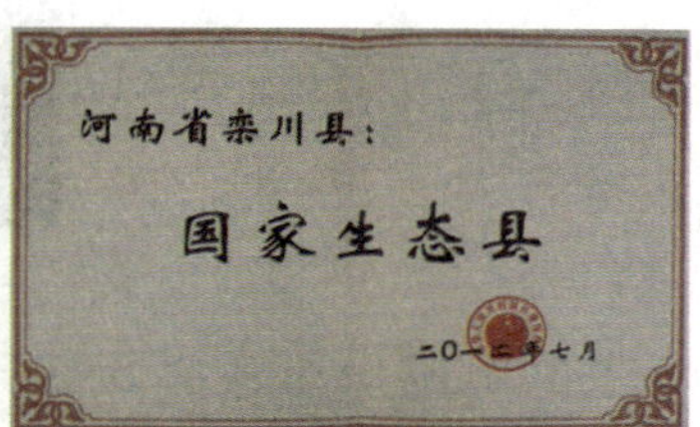

图1–17　国家生态县

图1–18　国家卫生县城

图1–19　全国文明县城

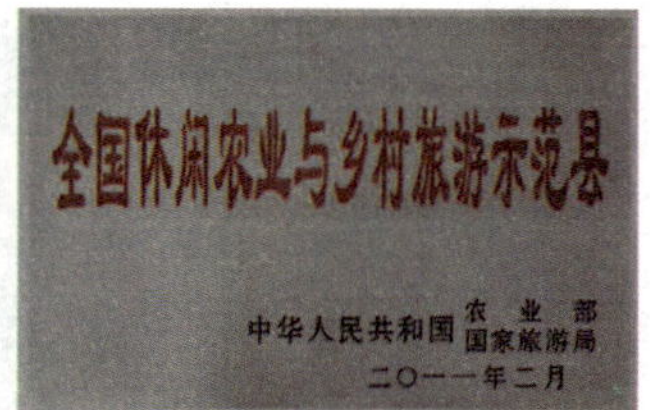

图1–20　全国休闲农业与乡村旅游示范县

沿着洛栾高速一路驶来，映入眼帘的蓝天白云、绵延葱绿、群山环抱的景色和沁人心脾的清新空气，勾画出了被誉为河南“北戴河”、洛阳“后花园”的栾川县城的独有魅力。步入栾川这座花园般的城市，会给你一种亦梦亦幻的感觉，犹如畅游在江南水乡的仙境里。当年城中的6家冶炼厂已迁到城外；7座加工厂远离县城另建新址；180多台选碾机被强行拆除；124台污染锅炉要么强制性淘汰、要么改新工艺变成无“烟”设施。如今的栾川县城，城中龙泉山、虎头山、凤凰岭等6座山头植被覆盖率达98%，山下公园、植物园、休闲区郁郁葱葱，犹如生产健康的绿色工厂，为广大居民提供了一个健康舒适的生活乐园。城内路系、水系、山系、楼系各具特色，城中碧流环绕，使县城透出一种柔美；山城两相映，使县城如壁画倒挂，山水相间，绿意盎然，犹如一颗熠熠闪光的绿色明珠镶嵌在伏牛山生态旅游链上，形成“点成景、线成荫、面成林”和“城即景、景即城”的生态之城。一位来到栾川的客人禁不住感叹：“山城迎宾不用酒，捧出绿色醉客人。”① 拥有国家级卫生县城、国家级文明县城和中原旅游名县三张“金字招牌”的栾川，像一块强力磁石吸引着八方来客的注目与投资，这座曾经的破旧小城，如今变得越发亮丽而富饶。

图1-21 魅力栾川夜景

图1-22 幸福的栾川人民

①王继辉，马新政.栾川县城新面貌秀丽醉人[N].洛阳日报，2006-08-21.

第二章　初识“栾川模式”

栾川，这个曾经“闻名全国”的贫困小县，本不起眼。然而，在21世纪伊始，却通过一次优美的华丽转身，一跃成为远近闻名的旅游强县。2004年10月29日，《中国旅游报》头版刊发了一篇名为《“栾川模式”考》的署名文章。这是媒体第一次向公众推荐“栾川模式”。此时，“栾川模式”就像一只金色的凤凰，跃然起飞，以一个美丽的旅游小镇的面容走入国人的视野，迅速引起了各级政府和全行业的重视。

图2-1　栾川山水新貌

第一节 “凤凰”跃起，小镇闹出大动静

昔日的栾川县是一个国家级重点贫困县，今日的栾川是全国闻名的“中国旅游强县”。短短几年的时间，栾川不仅成功实现了以旅游带动经济发展，更创造了一个旅游扶贫的典范。

一、“快、准、狠”实现旅游业异军突起

2000年初，面临快速兴起的假日经济，栾川县委、县政府“快、准、狠”地抓住了旅游业这颗冉冉升起的新星，审时度势地提出奋斗五年创“中国旅游名县”的目标。

令人惊讶的是自栾川县委、县政府将旅游业确定为推动县域经济发展和增加农民收入的“一号工程”起，仅在短短的五年间，栾川的旅游业就实现了异军突起，打造出了一个又一个包括山水游、农家游、溶洞游、森林游、温泉游、滑雪游在内的休闲旅游品牌。栾川旅游业同时实现了规模的扩大化与质量的提升。以招商引资为例，2000~2004 年，栾川共吸引县外资金27.1亿元，扩建宾馆饭店28家，其中星级饭店4家，另发展家庭宾馆506家，17000张床位，可同时接待游客21000人次。[①]

一业兴带来百业兴，旅游的拉动作用、扶贫作用及扩大就业的功能日益显现，全县经济呈现出快速、良性的发展态势。截至2004年底，栾川县旅游业总收入4年翻四番，旅游总收入在GDP中所占比例达到23.9%，并且带动了全县经济大发展，2004年底栾川GDP与地方财政收入均实现了比2000年翻一番的“双翻番”目标。[②] 栾川县“跑”出了一条以旅游业为龙头带动整体经济发展的成功之路。

---

①邵春.“栾川模式”——一个值得推广的典型[EB/OL]. 搜狐旅游，www.travel. sohu. com/20050706/n226210328.shtml.

②张亚武，赵茂平，张改法.“栾川模式”研讨会在京举行[N]. 洛阳晚报，2005-03-21.

二、“栾川模式”走出深山

2005年3月19日，“栾川模式”旅游发展研讨会在钓鱼台国宾馆举行。作为县一级旅游研讨会，其等级和规模可谓惊人——国家旅游局、河南省、洛阳市等众多有关领导出席了此次研讨会，并分别发表讲话；激起了来自国内及日本、韩国、加拿大、新加坡等地的40多名专家学者的强烈研究兴趣；港中旅国际旅行社、国旅集团天马国际旅行社、中旅现代旅行社等30多家知名旅行社慕名而来；全国60多家新闻媒体纷纷进行了专题报道。2005年11月23日，在云南昆明中国国际旅游交易会期间，国家旅游局牵头举办了“宁波经验·焦作现象·栾川模式”总结推广峰会。一时之间，“栾川模式”轰动全国。

2006年和2007年，栾川县连续两年承办了全国县域旅游经济论坛，来自全国的17个中国旅游强县代表及国内旅游界专家学者、全国50多个旅游重点县（市）负责同志及中央、省、市20多家新闻媒体记者参加此次论坛，会上

图2-2 2007年“全国县域旅游经济论坛”在栾川举办

共同发表了《栾川宣言》，在国内旅游界引起强烈反响。

此外，在“栾川模式”的引领下，栾川还先后荣获全国卫生县城、全国文明县城、全国社会治安综合治理先进县、中国旅游强县、中国最佳人居环境范例奖、国家级生态示范区、全国科技进步先进县、全国村民自治模范县和河南省经济发展环境50优、全省县域经济综合发展实力十强县、全省农村基层组织建设先进县等50余项国家级和省级荣誉。小城镇真的闹出了大动静！

“栾川模式”作为中国旅游业在县级发展的样板和典型一经推出，即在全国旅游界引发了巨大的震荡和冲击波，先后共有 100 多个县、市纷纷到栾川考察、取经。究竟支撑栾川旅游迅猛发展的“栾川模式”蕴涵了什么宝贵经验？带着疑问与好奇，我们共同来探析专家、学者以及各级政府是如何解读“栾川模式”的。

第二节 “栾川模式”十八字诀

《中国旅游报》副总编辑邵春应栾川旅游工作委员会的邀请，曾两度考察栾川旅游。在此基础上，2004年他写出了《“栾川模式”考》一文，高屋建瓴地将栾川以政府主导发展旅游、拉动经济迅速崛起的经验概括为“党政主导，部门联动，注重营销，市场化运作，产业化经营”，后又提炼为“党政主导、部门联动、市场化运作、产业化发展”。“栾川模式”由此被旅游业界人士频频提到，并引起全国旅游界的广泛关注。

一、党政主导

栾川县委、县政府始终围绕“旅游强县”发展战略，发挥主导作用，部门联动齐抓旅游，共同奏响旅游发展协奏曲。

（一）主导旅游规划

县委、县政府坚持高起点规划，科学有序发展。在旅游开发中，始终坚持“先规划，后建设”、“开发与保护并重、以保护为主”的原则。聘请北京大学专家编制《栾川县旅游业发展总体规划》，下发了《关于加强旅游景区开发建设管理的规定》，成立了“栾川县旅游开发评审委员会”，提出了没有规划不准上项目、规划不通过论证不准实施、项目不经审批不准动工的“三不准”规定，力争使栾川旅游业的发展实现科学、规范、有序的原则。

图2-3 栾川县经常召开专家研讨会、报告会

（二）主导旅游基础设施建设

2000~2008年，栾川县先后修建了老君山、龙峪湾、重渡沟、倒回沟、滑雪场等25条310公里旅游公路，初步形成了辐射全省，连接陕西、山西、湖北等周边省份四通八达的公路网络，对外通道由以前的2条增至5条。提出了“游客走到哪里，通信就发展到哪里”的要求，在各主要景点全部开通移动通信和程控电话。高水平建设县城。2003年重新确立的县城功能定位由过去的“有色金属矿业服务中心”调整为“旅游综合服务中心”，并重新编制了旅游县城建设规划。先后实施3期总投资近20亿元的72项旅游县城建设工程。通过“三线”入地工程、人行道彩化工程、沿街“霓虹工程”和街道亮

化工程、“平改坡”工程、城区及近山绿化工程、伊河水面建设工程、休闲广场建设工程、污染物处理存放等“绿、亮、净、美、畅”工程的实施，使城区的旅游服务功能日趋完善。通过这些项目的建设，初步呈现出“城在山中、河在城中，楼在绿中，人在画中”的亮丽景观。

（三）主导建设精品旅游景区

在“树立精品意识、优化旅游环境、提升景区品位”为主要内容的创A活动中，县政府为鸡冠洞、龙峪湾、重渡沟、老君山、养子沟、滑雪场等景区创4A建设投入数千万元，拆迁居民户430多家，搬迁工厂6座，并投资支持修建中心广场、美化、绿化环境等项目。2002年8月，鸡冠洞、龙峪湾被验收为国家4A级旅游景区；2005年10月，重渡沟景区创4A成功；老君山、养子沟、滑雪场创4A成功以后，栾川县同时拥有6个国家4A级旅游景区；2012年，老君山、鸡冠洞景区实现了成功升格成为国家5A级旅游景区。

图2-4　2012年老君山、鸡冠洞景区参加国家5A级旅游景区颁牌仪式

（四）主导优化发展环境

为优化旅游发展环境，县委、县政府要求全县各职能部门围绕旅游强县目标，出台支持旅游业发展的政策，并以正式文件形式下发至各单位、各景区，全县各单位制定出支持旅游发展的政策措施60多条，为旅游发展办实事150多项，真正形成了同心同德、共唱旅游发展一台戏的良好氛围。

二、部门联动

栾川旅游的快速崛起与部门联动、全员决心发展旅游的氛围是密不可分的。在栾川发展旅游不仅是旅游部门工作人员的任务，任何一个部门、任何一个岗位都在为栾川发展旅游而服务。

（一）全员推介

从2001年开始，47个县直单位和33个旅游企业，按照“经费自行解决，人员统一培训，奖罚严格分明”的方法，分包周边9省80多个城市的宣传促销，使“栾川旅游风”吹遍大江南北。在短短6年的时间里，在全国80多个城市召开了栾川旅游推介会360多场（次），散发各类宣传资料50多万份，签订组团协议8万多份，与3500多家旅行社建立了长期合作关系。

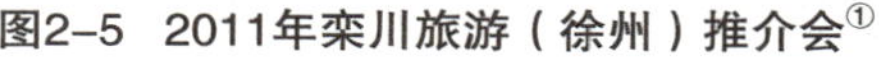
图2-5 2011年栾川旅游（徐州）推介会[①]

图2-6 2012年栾川旅游（郑州）推介会[②]

①由栾川县旅工委提供。
②2012年栾川春季旅游推介会在郑召开。http://henan.sina.com.cn/city/tjhd/2012-03-16/175-15103.html.

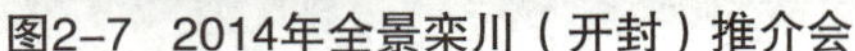
图2-7 2014年全景栾川（开封）推介会

图2-8 在栾川旅游推介会上为旅行社颁发奖励

（二）坚持“捆绑”促销

栾川旅游宣传促销实行品牌“捆绑”，对外一个调子，一个号子。景区“捆绑”，将全县精品景区统一行动，统一步调，联合促销；资金“捆绑”，财政资金、景区宣传促销资金、政策性扶贫资金统一使用；人员“捆绑”，职能部门宣传促销人员与景区、旅行社促销人员联合行动，分片包干；手段捆绑，统一策划大型活动，统一印制旅游宣传品。通过整合营销，改变了以往“零、散、弱、小”的状况，树立了栾川旅游的整体形象和品牌。

（三）策划奇招

先后成功策划和举办了老君山文化旅游节、消夏养生旅游季、伏牛山金秋红叶节和中原滑雪节四大节庆活动，提高了栾川旅游的影响力和吸引力。2004年，鸡冠洞风景区举办的“一吻千年”热吻大赛；2005年，伏牛山滑雪度假区在郑州开展的造雪活动、世界冠军学滑雪、摇滚歌王崔健雪地演唱会；2006年，老君山风景区举办的恭迎“老子圣火·道德经传递”活动；2007年，全国万名老人骑游绿色栾川活动，以及县委、县政府组织的中央电视台《同一首歌》走进绿色栾川等活动，极大地提高了栾川的知名度和影响力，促进了客源的快速增长。

（四）借助强势媒体，扩大效果

在省内外新闻媒体上唱响了以“河南人游栾川”、“三点一线看中原、生态旅游到栾川”为主题的系列宣传口号。近年来，将县直各单位以及上级

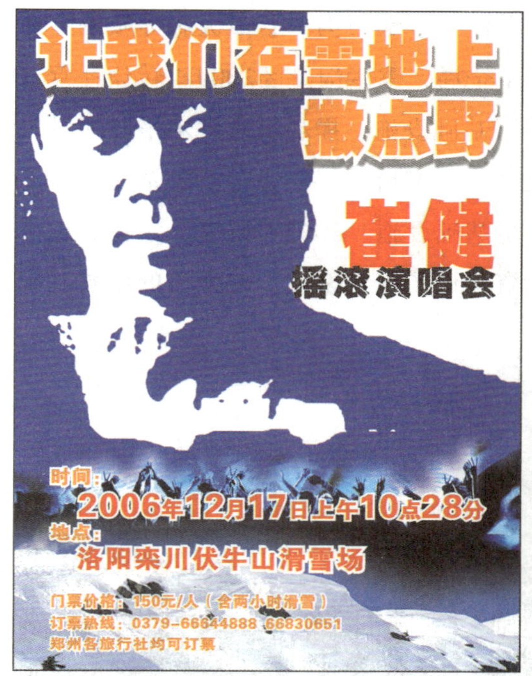

图2-9　摇滚歌王崔健伏牛山滑雪场演唱会

图2-10　万名老人骑游栾川活动启动仪式

主管部门的会议在栾川召开作为一项任务纳入工作目标，全县每年至少争取上百场次市级以上大型会议在栾川召开。先后有30多场国家级及省部级大型专业会议在栾川召开，起到了很好的宣传效果。同时，精心策划，举办了大型节庆活动。2003~2007年，先后接待山西、江苏、河北、山东、陕西等省的50余批旅游专列，到2007年时，省外游客已占客源总量的40%。

三、市场化运作

栾川始终坚持把招商引资作为做大做强旅游业的突破口。一是以资源招商。充分利用现有资源，通过项目带动实施资源开发，2004年以冬季滑雪运动项目，吸引北京一家企业以股份制投资方式建设了伏牛山滑雪场，弥补了中原地区冬季旅游项目的空白；2008年以温泉综合开发项目，吸引郑州一家公司投资，该项目建成以后，将成为中原地区最大的温泉疗养基地。二是通过转让企业经营权，引导、鼓励民营资本参与旅游开发，激活旅游企业的发展后劲。近年来，栾川先后成功地将重渡沟、倒回沟、君山饭店等旅游企业的经营权进行转让。机制的转换盘活了全局，重渡沟景区2004年转让经营权后，三年累计投资5000余万元，完善了基础设施，提高了服务水平。通过市场运作的方式转换旅游企业的经营机制，为栾川的“弱势”旅游企业找到了出路。三是以项目合作方式，完善旅游基础设施。2007年以来，宁夏、山东等地投资商分别在龙峪湾、老君山投资建设了观光索道，使栾川的旅游基础设施水准大幅度提高。

四、产业化发展

为了适应迅速膨胀的旅游市场需要，栾川狠抓“吃、住、购、娱”旅游服务体系建设。在宾馆建设方面提出了“办公场所要为旅游接待让路”的思路，由县财政给予一定经费补贴，县直单位沿街办公闲置用房改建成中档以上宾馆。同时，

图2-11 栾川伊水湾大酒店

抓宾馆饭店创星升级工作，提高接待水平。到2008年，全县拥有（含在建项目）君山饭店、伊水湾大酒店、友谊宾馆、画眉山大酒店4家四星级宾馆和12家二星级宾馆，在全省乃至全国都是拥有星级宾馆最多的县域之一；全县农家宾馆达到800家，形成了以星级宾馆为主体、农家宾馆为补充的旅游服务接待体系，旅游日接待能力达到3万人以上。全县拥有旅行社及门市部15家，开发旅游商品120多个品种，建设专业旅游购物市场6个，旅游休闲娱乐中心14家，旅游特色街区3条。庞大的产业体系，使旅游业成为栾川规模最大、辐射面最广的三大支柱产业之一。因此，“栾川模式”的真谛就是国有、民营以及多种混合经济形式联合发力，共同扛起了旅游业的大旗。

图2-12 栾川旅游商品博览会

图2-13 栾川旅游商品店

图2-14 栾川特色旅游商品——藤编工艺

第三节 各抒己见，畅言“栾川模式”

著名旅游专家魏小安曾在栾川实地考察后感慨地说：“全国旅游看两川，省级看四川，县级看栾川。”“栾川模式”如同拥有巨大磁场一般，引来官产学各界的关注与分析，来自企业、政府、学界的专家都对“栾川模式”给出了自己的解读。

一、商界的反馈

大量的招商引资是栾川旅游快速发展的重要原因。栾川旅游发展过程中投资者眼中的“栾川模式”，也是今后各地政府在吸引投资商时需要重点学习的地方。

投资商王晓航——党政领导齐抓共管是“栾川模式”的重要保障

栾川伏牛山滑雪度假区的投资商王晓航曾表示，党政领导齐抓共管与良好的投资环境是“栾川模式”形成的最终保障，也是促使他来此投资的重要原因，“栾川县委、县政府对全方位发展栾川旅游的执着精神，对发展旅游的高度重视和对工作的极大热情，促使我下决心一定要到栾川来考察。作为一个投资者，这个软环境是我们非常重视的”。

二、政府的评价

各级政府对栾川发展旅游的大力支持为栾川旅游的发展提供了坚实的基础。作为栾川模式创建的参与者、创造者，他们对栾川模式的评价可以为我们展现栾川旅游成功跃起中的最真实的一面。

（一）国家旅游局副局长——“政府主导、政策推动、人才保障”

国家旅游局王志发副局长在2012年10月26日举办“栾川模式”创新发展高端论坛上指出，栾川县从一个国家贫困县、人口小县、经济小县成长为旅游产业大县和全国县域旅游排头兵，为推动全国乡村旅游的科学发展提供了宝贵经验。“栾川模式”的形成得益于党委、政府的强势主导、得益于强有力的政策推动、得益于乡村旅游人才队伍的保障。[①]

（二）洛阳市副市长——“拼命三郎有智慧”是栾川旅游取得成功的重要原因

在2005年举办的“栾川模式”研讨会上，洛阳市副市长郭丛斌曾将栾川旅游取得成功的原因归纳为以下三点：第一，有两个抓发展、不蛮干的主帅；第二，有一批干工作不惜力的干部；第三，采用不平常的抓旅游招数。就工作不惜力的干部这一点，栾川抓旅游的很多同志是“拼命三郎”。郭副市长还举了一个令人难忘却又普遍存在的例子：在开发老君山的时候，当时的一个副县长，曾经一个半月没下山。如此拼命的干劲，是栾川干部最真实的写照。

三、学界的总结

栾川作为县域经济发展的典范、旅游扶贫的模板，吸引了众多学者对其展开深入研究。从学者的总结中，我们可以更全面的了解栾川旅游快速跃起的动力。

①王晓东，李艳. 创新发展“栾川模式” 致力建设“全景栾川”[N]. 洛阳日报，2012-10-31.

（一）中国旅游管理干部学院王洪滨教授——“艰苦奋斗、创新思维、全民参与、市场运作实现跨越发展”

中国旅游管理干部学院副院长王洪滨教授在“栾川模式”研讨会上将“栾川模式”的内涵概括为，“发扬艰苦奋斗的传统精神，结合新时期改革的创新思维，通过市场运作实现中国中部地区旅游跨越式发展的道路”，并提出“栾川模式”的精神实质具体体现在以下四个方面：①

（1）各级领导真抓实干。栾川能够脱颖而出，能够实现它的快速发展，第一个原因就是各级领导真抓实干，不是停留在口头上、计划上，而是塌下心去，俯下身来，一抓到底，务求实效。

（2）以人为本，全民参与。栾川的成功就在于老百姓积极性很高，创造性很高。

（3）精心策划，部门联动，迅速打开旅游市场。栾川人最大的成功就是在短短的四五年当中把市场打开，经验就是部门联动，就是促销责任制。他们以栾川为中心，600公里为半径，9个省，40多个市，一一分解，部门包干，分头促销，奖惩分明，迅速打开市场，这个做法，如果按照现代的市场观念，显得有一点原始，有一点传统，但是在中国当前的旅游市场情况下，这种方法却是行之有效的。

（4）市场运作，政策优惠，营造一种良好的投资环境。他们把传统的做法和现代的市场经济结合起来，很快打开局面。

（二）国务院发展研究中心刘锋博士——“发挥勇气与智慧，创新观念与思路”

国务院发展研究中心刘锋博士曾指出，“栾川模式”令人瞩目，值得推广，并将其发展经验总结为以下两点：②

第一，栾川旅游业的发展，体现了当地积极发展特色县域经济的勇气与智慧。主要表现在：①解放思想，更新观念，积极实施旅游兴县的带动战略；②以科学发展观为指导，政府全力引导当地旅游业的发展；③努力塑造和传播栾川的旅游品牌；④充分发挥了旅游业的多功能特性。

①王洪滨. 在“栾川模式”研讨会上的讲话[N]. 中国旅游报，2005-03-28.

②刘锋. 在“栾川模式”研讨会上的讲话[N]. 中国旅游报，2005-03-28.

第二，栾川旅游业的发展充分体现了新观念、新思路。栾川人在找到了自身经济发展的特色定位之后，又逐步确定了本地旅游业发展所要遵循的几个主要战略。首先是龙头战略，就是突出重点，寻求突破式的发展。栾川一直在努力集中优势力量，集中打造旅游精品，以期尽快形成龙头景区、旅游中心枢纽。在一个县里有两个4A级旅游景区，这是很了不起的。其次是市场战略。栾川开创性地采取了一些开拓市场的新方法，这种强力的目标责任整体营销方式是非常有特色的。最后是经营城市战略，按照大旅游的理念，将城市功能重新定位为“休闲旅游城市”，确定了“城即景，景即城”的发展思路，努力把县城建设成为旅游中心集散地和综合服务中心。

（三）首旅研究院研究员李庚——“引入外力实现瓶颈突破，创新架构推进跨越发展”

首都旅游集团研究院首席研究员李庚也曾参加了“栾川模式”的研讨会，会上他大赞栾川五年腾越式的大发展所展示的路径很有特点，并指出了栾川旅游发展的两条重要启示：

启示一：引入流入的资本加项目外力形成旅游服务产品，引入流入的购买力形成消费，社会经济循环才实现了瓶颈突破。李庚指出，栾川的发展本需20~30年的时间顺次完成从第一产业、第二产业到第三产业的跨越，而现在这个腾越从经济学的模式上看，它利用的不仅是自己的原始积累，重要的是引入了外力。其中既包括引入知识与资本外力，也包括引入外来购买力。

启示二：在工作推进模式上的构架是政府主导、行业主管、企业主营、媒体主销。整个过程没有忽视企业，没有忽视股份制，没有忽视市场的力量，是行政组织资源大平台，达到一加一，或是一加三，有了内外资源市场凝聚点，在政府搭的一个平台上按经济的方式操作。还有销售品牌不是从国际商业的网络开始的，而是从《中国旅游报》等舆论、媒体关注点开始，这也是一个捷径。

第三章　政府——创造性主导旅游目的地发展

在栾川调研的过程中，栾川县委、县政府对旅游发展的决心与恒心、思考与智慧都给我们留下了深刻印象。学习栾川成功之道，首先应该剖析栾川县政府在主导栾川旅游发展过程中的创造性做法。

栾川旅游发展是政府主导开发旅游的典范。栾川县政府在二十多年的旅游建设与发展中，摸索出了一条适合栾川旅游发展的路子，也为各地政府开发旅游提供了借鉴：政府主导旅游开发，什么时候应走在前方？什么时候要充分放手？政府以怎样的力度抓旅游？怎么抓旅游？这些问题，都可借由栾川旅游的开发引起思考。

图3-1 栾川县城的碧水蓝天

第一节 体制创新，倾力打造服务型政府

我国旅游活动的发展走的是一条“政府主导型”超前发展道路。以各级旅游行政管理部门为主体的政府旅游公共管理在旅游活动发展过程中起着非常重要的作用。然而，当前的现实情况却是，我国各地的旅游公共管理尚存在许多的制约因素。其中，旅游公共管理的主体存在的最大问题莫过于体制与观念的制约。

一方面，任何有效的旅游公共管理都是在顺畅的管理体制框架下实施的。当前，我国的旅游公共管理却面临着条块分割、职能交叉、部门利益分割等一系列体制性难题。作为旅游公共管理的核心主体，各级旅游管理部门并不具备全面实施旅游公共管理的职能。而只是被当作一个行业主管部门，只能在旅行社、星级饭店、A级旅游景区等核心旅游行业内部行使有限的管理职权。体制的制约使得旅游行政管理部门无法全面履行旅游公共管理职能。

另一方面，旅游公共管理在某种程度上可以理解为是一种管理性服务。也就是说，服务的成分往往大于管理的成分。但是，任何服务型的政府都首先要具备服务的心态。由于我国各级政府管理社会的理念总体上尚未完全从传统的行政管理思维转变为公共管理思维，因而旅游管理理念也同样停留在传统行政管理模式上，存在着管理理念陈旧、管理方法单一、管理职能不全等突出问题。其中，最为棘手的问题就是缺乏正确的态度，也就是服务的心态。缺乏服务的心态，也就更谈不上构建服务型政府。

幸运的是，栾川在发展旅游的过程中，不但率先果敢地创新了旅游管理体制，而且各级政府都具有极好的服务态度，这才使得栾川旅游能够迅速崛起。因此，可以毫不夸张地说，果敢行进体制创新，倾力打造服务型政府，是栾川各级政府的智慧，也是“栾川模式”得以发展的根本源泉。

一、生于忧患，死于安乐

任何一个资源型城市的转型，就如同破茧成蝶的蛾，不经一番痛彻骨，怎见明日晨与曦，然而转型时机和转型方向的选择往往直接决定了这一过程所需要付出的代价。栾川受惠于以钼矿、金矿为代表的矿业资源，摆脱了一穷二白的窘迫境地。但是资源的隐患始终困扰着栾川人，短暂的粗放式发展并不是栾川走出贫穷的唯一出路。栾川人在不断的学习和探索中，认真思索自身的生存之道。

栾川作为资源型城市，其拥有的矿产资源就像一座巨大的宝藏。但是，这优越的资源条件，却随着矿产价格的时高时低牵动着栾川人的每一根敏感的神经。1998 年亚洲经济危机爆发，世界经济受到严重影响，国际钼市场毫无生气可言。原本在国际钼市场上就没有发言权的中国钼矿产业，随着国际钼市场价格的波动受到重创。不难想象，钼矿产业作为栾川当时唯一的支柱型产业，其市场的剧烈波动给栾川经济带来了怎样的致命打击。据当时栾川县领导回忆，“1998年和1999年，钼价格跌到了20世纪80年代的水平，栾川全县的选矿厂几乎全部停工。县里的财政收入直减为赤字状态，连基本的人员工资都难以维系，要靠借钱度日”。然而，每当困难重重，“山重水复疑无路”时，也许，转个弯儿，展现在你面前的却是“柳暗花明又一村”的世外桃源。

为了避免“矿竭城衰”的现象发生，同时也为了免受因经济结构单一而导致的经济大起大落之苦，栾川县委、县政府果敢地主动出击，披荆斩棘，拿出“万水千山只等闲”的气势，寻求栾川县的出路。经过反复考察栾川的五大可利用资源（水力资源、林业资源、矿产资源、药材资源以及旅游资源），栾川县委、县政府认为，矿业经济过于波动，林场也是连年亏损，各种可能发展的传统产业都缺乏活力。对于出路的探索，随着这种种的可能到不可能，栾川县领导们的心也渐渐跌进了深谷，路在何方？真的还在脚下吗？也许，“念念不忘，必有回响”，就在一筹莫展之际，真的就灵光乍现了，脚踏栾川大地，“蓦然回首”却发现，原来这边风景独好：山清水秀、民风淳朴、民俗独特，尤其是夏季，清凉中不失一分惬意，美丽而不落俗，不似江南之婉约，更不似北方之粗犷，独显中原之韵味。大有发展旅游的可能性。

万事开头难。为了消除人们“深山区的小县城怎么发展旅游”的顾虑，栾川县委、县政府开始大抓“思想解放”，组织各级领导、干部与相关骨干人员到外地进行学习参观。栾川县委原副书记卢忠实回忆说，“我们一边参观，一边思考，一边讨论，回来就要制定当年的旅游工作计划”。就这样，“引进来”、消化、结合实际掺进去，开始着手大搞思想解放，利用各种机会召开会议，展开发展旅游的大讨论，顿时，栾川全县上下刮起了一阵“想旅游，抓旅游，干旅游”之风。①

正所谓“生于忧患，而死于安乐也”，金融危机固然给栾川的经济发展带来了严重打击，但同时也为栾川产业结构调整提供了一个良好的契机。栾川县委审时度势地抓住了这个机会，并逐步实现了从资源型城市的传统发展轨道转向可持续发展轨道。

二、解放思想，进行体制创新

我国大部分地区的旅游公共管理都面临着义务和权利严重失衡的问题：众所周知，旅游是一个综合性产业，涵盖“食、住、行、游、购、娱”六大要素相关的行业，其相关部门的行业管理范围也应与之相应。但是，事实上各地旅游局均是在行政职能分配完成之后成立的，其管理权限难免会受到各相关部门的限制，因此，同一份旅游资源却摆脱不了多头管理、分割经营的命运。面对这一难题，上海市、北京市、桂林市等知名旅游目的地纷纷对各自的管理体制做了适当地调整。“他山之石，可以攻玉”，栾川在借鉴经验与脚踏实地地实践探索中也大胆地做了一个有益的尝试——成立旅游工作领导小组与旅游工作委员会。

栾川旅游工作领导工作小组由8位县级领导干部组成，由县委副书记任领导小组组长，主持领导小组全面工作；其余7位领导，则分别主抓宣传营销、旅游规划、旅游安全等各项工作，权责明晰；所有与旅游有关的核心部门，如县委办公室、县政府办公室、县委宣传部、县委统战部、县发改委、

①根据栾川县委原副书记卢忠实谈话整理得出。

县公安局、县林业局、县住建局、县环保局、县交通运输局、县卫生局等，全部都是旅游工作领导小组的成员单位。

旅游工作领导小组主要的工作是对栾川旅游业发展的重大问题进行决策，并协调旅游经济活动中各部门、各地区的相互关系。小组成员与工作内容会随着工作的需要以及人事变动而改变，但是该机构与职能自2000年起，便一直存在。表3-1为2013年最新的旅游工作领导小组名单，从中可见旅游工作小组规格之高非同一般。

表3-1 2013年栾川旅游工作领导小组名单

小组成员	职　位	工作内容
宗玉红	县委副书记、县旅游工作领导小组组长	主持县旅游工作领导小组全面工作
王延生	正县级干部、县旅游工作领导小组副组长	主抓旅游商品开发。联系伏牛山滑雪度假乐园景区，分包景区项目建设，督导景区安全生产工作
钱晓苏	县委常委、宣传部长、县旅游工作领导小组副组长	主抓旅游宣传营销和节会活动工作。联系鸡冠洞景区，分包景区项目建设，督导景区安全生产工作
安占立	县委常委、组织部部长、县旅游工作领导小组副组长	主抓旅游人才队伍建设。联系抱犊寨景区，分包景区项目建设，督导景区安全生产工作
杨召军	县人大副主任、县旅游工作领导小组副组长	主抓旅游规划编制、执行及企业机制转换工作。联系重渡沟、九龙山温泉疗养院、马尔代夫港湾、红豆杉景区，分包景区有关项目建设，督导景区安全生产工作
杨栋梁	县政府副县长、县旅游工作领导小组副组长	主抓旅游与农业融合发展、景区周边环境整治工作。联系龙峪湾，分包景区项目建设，督导景区安全生产工作
张向阳	县政府副县长、县旅游工作领导小组副组长	协助宗玉红同志做好旅游工作领导小组全面工作。负责旅游安全、5A级旅游景区创建、改革改制、行业管理工作，联系老君山、倒回沟、蝴蝶谷景区，分包景区项目建设，督导景区安全生产工作
李新月	县政协副主席、县旅游工作领导小组副组长	联系养子沟景区，分包景区项目建设，督导景区安全生产工作
成员单位：县委办公室、县政府办公室、县委宣传部、县委统战部、县发改委、县公安局、县林业局、县住建局、县环保局、县交通运输局、县卫生局、县安监局、县地矿局、县文广新局、县物价局、县市政局、县旅工委、县广电中心、县商务局、县产业集聚区管委会、县旅游产业集聚区管委会、县重渡沟生态建设示范区管委会、县质监局		
旅游工作领导小组下设办公室，办公室设在县旅工委，孙欣欣同志任办公室主任		

图3-2　旅游领导小组召开会议

资料来源：栾川公众信息网（www.luanchuan.cn）.

图3-3　2004年的栾川旅游工作委员会成员

旅游工作委员会相当于常规的旅游局。由于2000年前，老景区的历史债务问题，栾川另外成立了旅游工作委员会。在栾川旅游快速发展之际，还清债务之时，也就撤销了栾川旅游局，仅剩下旅游工作委员会。其职能相当于旅游领导小组的办公室，负责旅游日常工作的正常运行，每逢重大问题，须向旅游领导小组汇报，由领导小组开会、调研、讨论、协调之后，旅游工作委员会再具体贯彻执行领导小组的各项决定。

创新的旅游领导小组与旅游工作委员会制度，很快树立了栾川旅游管理的政府权威。通过对栾川的实地调研，我们发现栾川所创新的旅游管理体制在具体的实施过程中，更是创意丰富，具体包括以下几点：

（一）加强各级领导重视

针对发展栾川旅游业的各项重大决策，均是按如下程序进行：首先是由栾川县四大班子全部听取议题汇报，其次是集中讨论，最后是经由县委常委会议专题审议决定。正所谓“众人拾柴火焰高”，这种“民主议事、集体决策”的工作方式，很容易就获得了广泛的认同，达成高度一致的意见，同时也为落实决策打下了坚实的群众基础。更难能可贵的是，县委、县政府主要领导“带头抓、亲自抓”的态度，无形中就加大了各级领导干部的重视。有利于各级干部职工统一思想，统一行动，把县委的各项决策自觉外化为行动。

图3-4 各层领导开会分享先进旅游景区考察学习心得

（二）形成部门联动机制

栾川县成立了由8名县级领导为正、副组长，几十个县直委局“一把手”为成员的旅游工作领导小组，统一领导全县旅游工作。在县委、县政府的高度重视下，旅游工作领导小组统一协调、统一指挥、统一部署旅游重要工作，展开旅游重大活动，各职能部门齐心协力，共谋旅游发展大计，形成了发展旅游的浓厚氛围和强大的工作合力。

（三）调动全员工作积极性

无论是招商引资，还是营销；无论是环境建设，还是旅游安全，栾川旅游真正地做到了目标明确，责任到人，措施过硬，奖罚分明。栾川县委、县政府从2000年开始，就已经把旅游工作纳入了全县各单位、各乡镇目标考核体系，明确规定了旅游工作考核不达标，年终不得评先；在县政府下达的百分目标考核体系中，旅游工作最高分值达20分以上，大大调动了全县各单位支持旅游业发展的积极性。

图3–5　政府带头、景区参与参加全国旅游交易会

三、端正态度，打造服务型政府

一位哲人说过："人所有的能力都必须排在态度之后。"

自栾川县委下决心发展旅游之后，栾川县各级领导干部，不但积极动员所有涉旅部门、企业与农家参与到旅游经济发展的浪潮之中，自己更是身先士卒，一马当先。当时栾川县提出的口号是"全党动手，全民动员，抓大旅游，大抓旅游"，让"人人都成为旅游的一面旗"……短短数年，一个曾经名不见经传的小县城，其旅游资源在全国并不是特别突出的条件下，将旅游产业发展得有声有色，如火如荼。这在一定程度上又一次印证了态度的重要性。

图3-6　栾川县政府联合景区在重要路段设立咨询点服务游客

（一）全员出动，引客入栾

在旅游业发展的初期，栾川旅游可谓"零基础"，知名度不高。"客人从哪里来"成为一个棘手的问题。在这样的情况下，为了实现旅游业的跨越式发展，从2001年开始，经县委、县政府研究决定，采取"全党动员，部门联动，分区包干，督察到位"的工作方针，实施特殊、非常规的营销做法：县四大班子领导分别与县属各部、委、局签订责任状。并以县城为圆心，600公里为半径，画一个大圆，所涉及40多个重点目标城市，分别分配到县属各部委局，今后这些地方的旅游对外宣传就由部门包干、分头营销。到年底，哪个方向的客源市场没打开，哪个部门的领导负责。这一活动后被栾川人亲切地称为“六月风，七月潮”。

在“六月风，七月潮”活动的实际开展过程中，县领导采取了十分灵活的工作方法：结合各部、委的情况，让一个资金富余的部、委和一个人力富余的部、委，再加上一个旅游企业共赴一个目标市场，合作营销。全县47个县直单位和33个旅游企业，按照“经费自行解决，人员统一培训，奖罚严格分明”的方法，分赴40多个目标城市进行宣传促销。无论省内还是省外营销，几十个部门的领导都肩挎绶带，带上所属人员摆摊设点，散发资料，向公众介绍栾川旅游产品，浩浩荡荡成了一大风景。与此同时，他们每到一处就会邀请当地旅行社与各大媒体齐聚一堂，开展专业旅游推介会。一方面，邀请旅行社来栾川“踩线”；另一方面，把栾川景区照片资料发给当地媒体。这样，短短数月之内，“栾川旅游风”便迅速吹遍了大江南北。

图3-7　全员动员搞营销

在这个力争“1+1>2”的时代，合作的呼声更是一潮高于一潮，而栾川各部门联合起来所搞的营销活动无不令人拍案叫绝！其所获得的附加价值远远超过了人们最初的想象。第一，非旅游部门来搞旅游宣传，本身就具有极高的新闻价值！栾川各部门的营销队伍到达宣传目的地，先与当地同部门的人员联系帮忙。比如，栾川林业局到了徐州搞营销，都会先联系徐州当地的林业局，请其帮忙联系旅游局等单位。这样一来，就引起了徐州政府部门极大兴趣——为什么栾川的旅游搞得这么成功，能让林业部门帮忙搞营销？于是，各地的政府纷纷来栾川学习调研，为栾川模式的提出埋下伏笔。第二，非旅游部门来搞旅游宣传，也加深了各部门对旅游工作的理解与支持。不少部、委的领导在亲自出门搞旅游促销之后，纷纷感慨“旅游部门的工作真是不容易”。还有一些，在旅游宣传活动中，取得良好效果的部门，对今后旅游工作更是关注与支持。据孙小峰主任回忆，宣传活动的第一年，栾川林业局负责开拓的徐州市场就取得了出乎意料的效果。因此，林业局局长受到县里的公开表扬。多年之后，林业局局长见到他，还自豪地拍着他说，“咦，咱搞旅游宣传，那可好哩！”。

（二）想游客所想，提供一流服务

每年年初，栾川几大班子领导都向社会公布办公电话和手机号码，并公开承诺，旅行社或游客遇到困难，可以直接找他们解决。与此同时，每逢黄金周和双休日，公安、交通、卫生、工商、物价等涉旅部门都会牺牲休息时间，按假日指挥中心的统一调度，分赴重点地段，为游客排忧解难。

至今仍被人津津乐道的是1999年的“十一”黄金周。当时，黄金周制度刚刚开始，游客迅速增加，而栾川宾馆却严重供给不足。因此，造成了“十一”黄金周期间有千名游客因宾馆爆满无法入住，只能滞留在栾川的一个广场内。得知这一消息，县委书记立即通过县里广播，动员全县干部职工将游客接回家中住宿。对于实在不愿意去家里住宿的游客，则亲自送上食物与被褥。游客们见到栾川政府如此关心自己，纷纷被感动。

无独有偶，2008年的春节期间，由于突降大雪，造成伏牛山滑雪度假区有600余名游客无法下山。栾川县委立即启动应急预案，要求交通部门发动栾川汽运公司，带上防滑铁链，把全部游客接回县城，受到了游客的肯定和赞扬。

不论是向社会公布领导班子的电话号码，还是将滞留游客接回家中住宿；不论是成立旅游市场联合整顿小组，还是先后出台众多规范服务的规章制度；不论是平时“白加黑，五加二”的工作强度，还是每逢假日便要分赴重点地段、现场指挥的工作态度。栾川政府的工作人员都有一个目标，那就是为游客提供一流的旅游服务，以确保游客的满意。如此“忽视”《劳动法》的做法虽有待考虑，但如此“方便游客、服务游客”的做法，确实为栾川的旅游做了最低成本且最高口碑的宣传。

图3–8　栾川旅游咨询中心（一）

图3–9　栾川旅游咨询中心（二）

（三）急投资者所急，打好招商引资攻坚战

地方政府对市场投资者信守承诺，始终一贯的支持，是投资者投资的重要考虑因素，也是投资者追加投资的信心来源。地方政府的态度是打好招商引资攻坚战的关键所在。

在栾川，想项目单位之所想，急项目单位之所急，千方百计地为项目单位搞好服务是全县上下的共识。几年来，栾川县建立了一套“党政主导、部门联动、跟踪问效”的招商引资服务体系，从项目的立项、进入、建设到完成，全方位、连环式地提供快捷高效的服务。

在洛阳伏牛山滑雪度假区建设过程中，栾川县委、县政府专门成立了以一名县委副书记和一名副县长分别为组长、副组长的“洛阳伏牛山滑雪度假区建设项目协调领导小组”，计划、工商、公安、林业、水利、旅游等县直有关部门现场办公，尽快办理有关手续，协调处理建设过程中出现的相关问题。在滑雪场工程建设的5个月时间里，栾川县四大班子相关领导最初每月最少两次到工地了解情况，之后，随着竣工日期的临近，发展为一个星期一次，最后成了三天两头到现场服务，为企业排忧解难。县旅游工作委员会作为该项目的主要签约单位和协调单位，几位领导和有关科室的工作人员更是吃住都在工程一线，一直到滑雪场建设全部竣工。县里领导曾经嘱咐旅工委的工作人员说，“不要让滑雪场的人自己跑手续，人家出该出的钱，你就带着人家，帮人家跑腿，把这手续办完”。

图3–10 建设中的伏牛山滑雪场

栾川县建立的“党政主导、部门联动、跟踪问效”的招商引资服务体系，确保了项目从立项、进入、建设到完成，都可全方位、连环式地享受快捷高效的服务。其“项目例会制度”与“跟踪服务责任制”在很大程度上推进了招商项目的顺利实施，保证了重点项目的跟踪落实。正如企业家王晓航所言，是栾川县委、县政府对发展旅游的高度重视和对工作的极大热情，促成了他在栾川的投资。

第二节 夯实基础，增强目的地吸引力

受传统思维的影响，我国的旅游管理还主要是针对旅行社、星级饭店、景区等核心旅游行业的管理，而忽略了对整个旅游目的地系统的管理。这无形中就割裂了旅游经济运行的整体性，影响了旅游经济的整体效率。尤其是在当前的旅游竞争已经超越了单一的产品竞争的情况下，已演变为以城市为主体的旅游目的地系统之间的竞争。旅游管理的对象不仅要包括旅游企业、旅游服务设施、旅游从业人员等核心行业要素，也要包括交通与环境等旅游所需公共物品的提供。而所有这些基本要素都需要通过有效的管理来组成一个有机、协调运转的整体。

栾川旅游业在发展的初期，有意识地改善城市卫生环境，大力发展旅游

交通，虽只是满足了游客最基本的需求，但实际上也是消除了游客不满的最大隐患，保障了栾川旅游的协调运转，为栾川旅游的可持续发展奠定了坚实的基础。

一、大干三年，旧城换新颜

旅游目的地的吸引力，是一种综合性的吸引力，它是由各种引力构成的合力。其中不仅包括产品、服务、设施、价格、文化等吸引力，环境吸引力也是其中的重要一种。优美的自然环境、良好的社会环境、舒适的消费环境等，都是目的地旅游吸引力的构成要素，影响着旅游者对目的地的选择。因此，环境管理也是旅游目的地建设和旅游公共管理的重要内容。

现代旅游对欠发达地区软环境的要求——简单，但要舒适；朴实，但不低档；原生态，但要整洁卫生！

不难想象，任何一位游客来到栾川，如果看到的是污水满街，恐怕都不会愿意在此处停留；任何一位投资商来到栾川，如果看到的是道路泥泞不堪，恐怕也不会选择在此处投入自己的血汗钱；任何一位学子来到栾川，如果看到的是垃圾遍地，恐怕也不会甘愿在此奉献自己的一生。卫生环境看似没那么大的分量，其实，它往往就是“一锤定乾坤”中的那一“锤”。藏在暗处，作用却在明处！

一些老年人对20世纪80年代栾川县“脏、乱、差”的状况，至今仍是记忆犹新，“污水满街流，泥路难行走，猪狗满街跑，进城就犯愁”，真是不堪回首。但自1996年8月，栾川县委、县政府提出“破釜沉舟、背水一战、奋斗三年把栾川建成国家级卫生县城”的奋斗目标起，一个伏牛山腹地的小县城，居然一步一步通过了国家级卫生县城的验收，而成为栾川人引以为豪的事。用栾川老百姓自己的话说：“刚创建卫生城市那会儿，听县里领导介绍外地经验，真像是听故事，总以为那与我们自己远得很。现在，我们不但像他们一样，并且超过了他们，心里真是痛快！”

在如此“底子薄”的基础上蜕变成卫生县城，谈何容易！但是办法总比困难多。栾川在“人民城市人民建，公益事业大家办”的旗帜下，面对资金短缺的困难，提出了“财政拿一点，社会集一点，政府筹一点，个人捐一点，义务干一点”的办法。就义务劳动一项，从县委、县政府的领导，到机关干部、企业的职工、街道居民，大家齐动手，都参加义务劳动，仅1997年8月开展的“我爱栾川”活动月，城区开展义务劳动23次，参加人数达3500人，整理绿化用地2000多平方米，清除卫生死角48处，硬化巷道1300米，铺设道板4500平方米，实施光彩工程13项，文化宣传部门义务演出13场，受教育人数1万余人。

栾川县委、县政府的领导明白，要想真正实现街道无垃圾，公共场所无人吸烟，街心公园、绿草地的美好景象，靠的是大家养成良好的习惯。县委、县政府的领导也相信老百姓爱自己家乡，更愿意居住在干净美丽的环境中。一场声势浩大的宣传活动开展起来了，县广播电台、电视台举办各种宣传栏目。全县中小学校开展卫生健康课程，举办“告别陋习”万人签名活动。在这些活动的开展中，人们慢慢地都变得更加文明起来。保护起大家义务劳动建成的街道、街心花园、休闲小区，也更有主人翁的自豪感和责任感。

县委书记任建华说：“我们不为别的，就是让栾川的孩子将来不管走到哪个大城市，也不会感到自卑！”怀着如此坦荡的胸襟，栾川县一步一个脚印，事情办一件成一件。[①]卫生县城标准从市级到省级，从省级到国家级。栾川面貌的改善，不仅提高了老百姓的自豪感，干净美丽的城市，还引来了更多投资者的青睐，不仅是当地居民根本利益之所在，也为栾川进一步的发展打下了坚实的基础。

二、打通经脉，保证交通顺畅

要想富，先修路。交通便捷与否对旅游经济的发展有重要影响。尤其对于乡村旅游而言，交通的可达性、交通基础设施的完善程度、交通服务质量等因素会严重影响其生存与发展。正因如此，交通又被形象地称为乡村旅游的生命线。

①张改法，宫云召. 换回东风尽是春[N]. 中华建筑报,2005-07-05.

栾川县地处伏牛山腹地，山路崎岖，交通多有不便。栾川政府充分认识到了交通在旅游发展中所发挥的重要作用。为了能够让人们一睹隐于山中的美景，栾川县采取争取扶贫资金、政府拨款、地方集资与群众义务劳动等多种方式灵活组合的办法，竭尽全力打通旅游发展经脉，大有“景区建到哪，路就修到哪”的气魄。据栾川交通局的经验总结，在栾川，通往景区的路，基本是交通局通过向上级申请补助投入1/3的资金，县乡财政补贴1/3，然后景区自己再投入1/3。甚至，部分景区的路是在景区自己没有出钱的情况下，县里帮忙修的，如通往龙峪湾、伏牛山滑雪场的路，景区根本就没有出钱。

图3-11 通往景区的生态廊道

（一）打通伏牛山滑雪场“发展经脉”之路

当年，伏牛山滑雪场选在栾川县石庙乡杨树坪村的老界岭北坡，其不论是海拔、气候、坡度等因素都可谓绝佳选择。但唯一不足之处，就是此路不通！县领导陪同滑雪场的投资商几次去实地调研，都是先坐拖拉机到山脚附近，再步行几小时至山脚，而后爬到山上调研。因此，道路问题成为投资商投资最大顾虑。为了吸引投资，也为了长远发展的考虑，政府提出，“滑雪场只管建好自己的设施，其他的配套，包括通往滑雪场的路，政府来修”。为了兑现这个承诺，县里领导立即踏上了筹钱之路。一方面，要求石庙乡找施工队立刻开始修路；另一方面，四处“演讲”，争取资金。为此，栾川县发改委领导曾多次亲自上门“抓住”领导汇报并“要钱”，省里领导也被深深打动，但无奈时处年中，财政计划早已订好，实在拿不出钱来，只好承诺，来年一定有专款支持。但是，听到这个利好消息，栾川县的领导也没有停下脚步！县领导多次向省旅游局汇报，豪言自己的滑雪项目将“填补河南省冬季旅游的空白”，“开创中原冬季旅游的新时代”。此后的事实也证明此言非虚！凭借滑雪项目独一无二的优势与栾川领导“软磨硬泡”的精神，省旅游局拨给了50万元的资金。加上栾川县财政咬牙挤出的50万元，通往滑雪场的路次年一月就实现了基本通行。当年，滑雪场就获得了极好的市场效果！此后，各级政府财政相继投入了1800万元，完善了通往滑雪场的道路，为滑雪场的发展打下了坚实的基础。[①]

图3-12 克服困难，打通交通要道

（二）道路顺畅，交通服务不能忘

除了保证道路的通畅之外，栾川交通局也尤为重视道路安全与交通服务这两个方面。一方面，栾川交通局不断积极地向上级财政申请公路安保资金，针对通往各景区的道路开展护栏修护等工程。另一方面，交通局坚持每天例检，头天晚上检查不合格的客车，第二天绝不允许出车。每月组织例会，会上除了进行安全教育之外，还要培训司乘人员的服务礼仪并宣传旅游知识。栾川交通部门提出的口号是“打造文明交通，服务全景栾川”。最大限度地使游客体会到“方便快捷地来，高兴舒适地回”的感觉，为游客获得完美的旅游体验上了一道保险。

第三节 招商引资，打破旅游发展瓶颈

俗话说得好，钱是无价宝，用到哪里哪里好。可谓有钱好办事，与此相对应的就是没钱办事难。许多地区与企业，乃至个人的发展，常常会因为缺钱而举步维艰。为了加快发展，摆脱困境，筹钱往往成了人们需要面对的最大问题。然而，筹钱不是一件容易的事情。俗话说得好，捂紧自己的腰包。

①根据栾川旅游工作委员会原主任孙小峰口述整理得出。

而伸手掏别人腰包为自己办事，可谓是世上最难办的事情之一。但是，招商引资所干的活又何尝不是如此之难呢?

放眼现实不难发现，许多地区或企业通过招商引资，解决了筹资难题，增强了发展活力，加快了发展步伐，取得了巨大成就，实现了跨越发展。栾川也不例外，栾川通过招商引资，促进企业改革，提高技术和管理水平，推动产业调整和结构升级，增强整体竞争能力。政府煞费苦心的招商引资，是“栾川模式”快速腾飞的强大动力。

一、创新政策，以优惠条件吸引投资

要完善旅游服务体系，加快旅游业发展，必须要借助外来资金。要引入外来资金就必须有相应的优惠措施。为此，栾川县专门出台了《栾川县招商引资优惠政策及奖励办法》，围绕税收、土地使用、配套设施建设等方面规定了一系列激励优惠措施，大大增强了栾川对于投资商的吸引力。

此外，现代投资者在投资之前，普遍存在一些心理危机，比如害怕盖公章。因为一些行政执法监管部门借企业盖章之机乱收费，而且价格不菲，不给钱就刁难。某企业为了盖8个公章跑了7天，没有一个公章是一次就能盖成的。而栾川通过简化审批手续，制止乱收费、乱摊派、乱检查、乱罚款等“四乱”行为等服务措施，解决了投资者的一大难题，也进一步优化了栾川投资环境。

加之，栾川县财政每年还会拿出大量资金扶持旅游业发展，重点用于旅游整体形象宣传、规划编制、项目建设奖励补助、旅游品牌建设、游客招徕、节庆活动，旅游要素配套、人才培训、公共服务体系建设等方面的补贴与奖励。为客商营造了良好的投资环境，对招商引资起着基础性和决定性的作用。

二、凭风借力，主动搭建引资平台

招商引资工作，不能一味地被动接受信息。借助主流媒体的力量，做好自我宣传推介，是一种行之有效的办法。栾川和《中国旅游报》报社的合作，堪称这方面的范例。

2004年10月，栾川委托《中国旅游报》报社邀请了中国旅游投资股份有限公司、张家界黄龙洞投资公司、中国旅游商贸服务总公司、中国国际信托投资有限公司、浙江青鸟旅游投资集团、加拿大豪励国际投资集团、御温泉国际度假酒店投资集团等20家国内知名的旅游投资企业到栾川，召开了“2004 年洛阳栾川招商投资洽谈会”。经过实地考察，这些企业的负责人对栾川的旅游资源产生了浓厚的兴趣，共签订合作意向书13份、意向合作金额9.8亿元。这次洽谈会的召开标志着国内旅游企业界的巨头开始联手挺进栾川，取得了多方共赢的良好效果。

三、百折不挠，“踏破铁鞋”抓大项目

栾川通过多年的探索，采用过的招商方法可谓千姿百态，有组团招商、传媒招商、主题招商、借助中介机构招商、网上招商、展览招商、以商招商、以友招商等多种方式。在栾川人眼中，四处皆商。但不论何种招商方式，其实都离不开栾川人眼观六路、耳听八方、随时随地捕捉机会的能力，更离不开他们八仙过海——各显神通、踏破铁鞋、不达目的不罢休的敬业精神。其中滑雪场项目就是历经一波七折招来的冬季旅游项目，该项目开启了中原滑雪的新时代。

（一）苦思冥想开展冬季旅游

从2000年栾川决定大力发展旅游业起，凭借优越的自然条件，栾川夏季旅游效果一直很好，但是一到冬天，景点纷纷关门，游客便无处可玩。想想一年有超过1/3的时间，栾川整个旅游都处于停滞的状态。如何搞一些冬天的项目，时任旅游工作委员会主任的孙小峰一直苦思冥想。想来想去，孙小峰认为，只有雪上项目可以弥补冬天的空白。可问题是，栾川下雪并不多。不过，孙小峰几次亲自下乡上山调研发现，只要下雪，山上的雪很久不会融化。那栾川究竟能不能开滑雪场？孙小峰心中打了个问号。

（二）主动与亚布力滑雪场联系

图3-13 滑雪场正在工作的造雪机和雪车

机会总是留给有准备的人。偶然的一天，孙小峰在中央电视台四套看到了东北亚布力滑雪场的介绍。远远地看到不停地喷雪的造雪机，孙小峰一下子来了精神。他心想，老天不下雪，我没办法，可是能人工造雪！就怕辛辛苦苦造出来的雪化了，他马上与同事商量这事；并与东北亚布力滑雪场取得联系，说栾川想搞滑雪，看能不能一起合作。但是，东北的回复并没有给孙小峰带来意料中的惊喜，“我们滑雪场可以技术指导，但是投资，我们现在不行”。就这样，与东北合作的设想，还未破土，就已经被扼杀。

（三）县领导大会点名批评旅工委“异想天开”

一直希冀搞一个滑雪场来填补栾川冬季项目空缺的孙小峰，主动向县领导汇报了这个想法。但是，就当时来说，对于土生土长的中原人而言，滑雪，这个概念，似乎还很模糊。加之，在那时，中国仅有的几个大滑雪场，都是为了举办滑雪比赛而建，如亚冬会，均耗资数亿元。并且，各大滑雪场现如今都处于赔钱的状态，经营效果不是很好。这使得当时的县长并不支持在栾川搞滑雪项目，并且在全县工作会议上，点名批评孙小峰说，人家东北天然资源那么好的地方，随便找个坡，下点雪就能弄成个滑雪场，现在还赔钱呢，我们栾川下雪这么少，怎么搞，不要异想天开。会议结束后，各单位同人也纷纷劝他说，“弄那干啥？”

但即使是面对如此大的压力，也没能让孙小峰死心，他心里总觉得这项目搞不成，冬季缺少吸引点。

（四）偷偷调研滑雪场又受打击

不敢亲自去东北滑雪场调研的孙小峰，偷偷让自己手下的几个人，跑遍了东北的各大滑雪场，但调研下来，效果也不好，东北那边都没有投资中原的兴趣。

去东北调研后的第二年春天，恰巧孙小峰被派到北京交流学习，在听说北京有两个滑雪场之后，他又独自偷偷跑去调研。看着同样自然条件并不太适合发展滑雪的北京，让孙小峰明白了在中原搞滑雪到底有多难。原本以为，一台造雪机，通上水后就能哗哗地出雪，花不了太多钱，可一问才知道，一台滑雪机就要30万元，一台压雪机要100多万元，整个滑雪场弄下来至少也要4000多万元。孙小峰的心再次遭受了沉重的一击，但孙小峰仍不气馁、不放弃、不抛弃，坚决地说，“就是这样，我也不死心”。

（五）初遇意愿投资人

2002年夏天，孙小峰因到北京参加专业硕士毕业考试，其间听说怀柔的农家乐搞得很好，就去那里取取经。就在调研农家乐时，他又听说了有个怀北国际滑雪场，现在很热闹。孙小峰心想，现在是夏天，他滑雪场弄啥？带着这个疑问，孙小峰来到怀北国际滑雪场。买了张门票进去之后，一看才明白，原来他们在搞滑草项目。

借此机会，孙小峰向那里的工作人员滔滔不绝地“演讲”了栾川多么适宜发展滑雪运动，并提出希望与怀北国际滑雪场合作开发。恰好，该滑雪场的副总有再投资滑雪场的意愿，孙小峰当即邀请他到栾川实地调研。但这次的结果还是不如人意。起初，孙小峰选择了离市区较近的老君山或者鸡冠洞附近的山上搞滑雪场。王忠实副总实地调研后认为地势条件不错，但在查

图3-14 时任栾川旅游工作委员会主任的孙小峰

阅该地的气象资料之后，王总觉得低温天气太少，不利于雪的保存。于是，合作又一次被搁浅了。

（六）寻到宝地杨树坪

首次合作流产之后，孙小峰很不甘心，觉得栾川这么多的山，怎么会找不到一个适合滑雪的地方呢？为此，他又开始千方百计地寻找理想之地。2002年底的某一天，他突然想起了杨树坪，也就是滑雪场现在的地址所在。孙小峰知道，杨树坪是栾川海拔最高的一个村，但是他以前没有去过，也不确定那里到底行不行。思考之后，孙小峰先是联系了最了解该地情况的林业局打听情况。了解到那里海拔高达1600米之后，孙小峰非常高兴。之后，他又主动给当时的石庙乡书记赵改新打电话，表示有一个项目想放在他那里，要去调研。赵书记听后也是十分高兴，当即从洛阳赶回来，第二天，二人坐着拖拉机，一路颠簸着就到了杨树坪。这次的辛苦并没有白费，孙小峰看到山上厚厚的白雪，心里想，这次肯定能行。

孙小峰回去就给王忠实副总经理打电话说明了情况。当时王总已经将滑雪场投资到了天津，但王总还是很热心地推荐了王晓虎——当时滑雪场投资的关键人物，也是现在伏牛山滑雪场的总经理，说他正有投资滑雪场的意愿。

（七）终觅投资有缘人

终不死心的孙小峰拨通了王晓虎的电话。经过聊天才知道，原来王晓虎是洛阳人，而且，过几天就要回洛阳，孙小峰顿时满心欢喜。王晓虎到洛阳，孙小峰冒着“非典”肆虐的危险，亲自到洛阳火车站去接他。二人随即赶到杨树坪去实地考察。

王晓虎毕竟是一个行内人，一眼就看上了杨树坪村老界岭北坡。但当时他主要是搞滑雪设备销售工作的，出于各种考虑，他又马上说动了自己的客户王晓航，两人合作到栾川来开滑雪场。

2003年3~4月，投资商王晓航与王晓虎又多次来栾川调研。“精诚所至，金石为开”，就连上天都被孙小峰的这份热情与执着感动了。只要他们当天赶到洛阳，栾川当天晚上准会下雪，几次都这样。王晓航几次到山上调研，禁不住夸赞栾川的自然条件太好了，当即决定在此投资！

都说好事多磨，一波三折，事终成，而今天异常火爆的伏牛山滑雪度假乐园真可谓是一波七折啊！

图3-15 游人如织的滑雪场

四、引当地资本，完善旅游服务体系

俗话说，外来的和尚会念经。长期以来，在人们潜移默化的观念里，似乎招商是要招外来的商、引资要引外来的资，尤其是越远越吃香，最好是境外的商、境外的资，就好像只有外来的才能达到招商的效果与目的。但是，栾川人却跳出了这世俗的圈子，他们认为招商引资不仅仅是要外来的，县内的人与财要是合理利用了，照样会收获累累硕果。

（一）拓宽思路，“兔子也吃窝边草”

2001 年，栾川县领导确定了 50 名有投资意向的工商业及个体私营企业负责人，召开了栾川旅游建设项目信息发布会。会上，各位老总对这些旅游招商信息非常感兴趣，没有意识到自己家乡还有这么好的投资项目，纷纷表示愿意为家乡旅游发展做贡献。

对于县里的几大著名的“投资培养对象”，县里领导更是几次亲自登门拜访。有一次，县里的大矿主，也是现在投资老君山的杨植森董事长，生病在上海住院，县里几位领导亲自赶往医院看望。躺在病床上的杨董事长看到风尘仆仆的他们，内心的感动之情油然而生，激动地说，“你们咋来了？”“听说你病了，我们来看你呗”，就是这么简单、质朴的对话，县领导们却凭着百折不挠的实际行动在争取着一丝希望。

图3-16 栾川当地矿主投资建设的老君山景区

（二）鼓励当地资本发展旅游，完善旅游服务体系

栾川在旅游发展的初期，旅游宾馆（饭店）这类基础设施非常薄弱。为此，栾川县极力鼓励当地资金投资宾馆饭店建设。比如，现在栾川县最为知名的君山饭店，也是栾川县大力引入当地矿业资本进行国有企业改革的结果。到2007年，栾川全县已拥有（含在建项目）君山饭店、伊水湾大酒店、友谊宾馆、画眉山大酒店4家四星级宾馆和8家二星级宾馆，是全省乃至全国拥有星级宾馆最多的县份之一。

在积极鼓励工业资本投资宾馆建设的同时，栾川县的各级领导更是不遗余力地发动农民发展农家乐。不论是艰难的起步阶段，还是痛苦的转型阶段，栾川县的农村信用社都曾推出“富民快车”贷款服务，帮助农民渡过难关。正是政府自始至终的鼎力支持才取得如此可观的成果，栾川农家宾馆在

2007年时就达到了800家，形成了以星级宾馆为主体、农家宾馆为补充的庞大旅游服务接待体系，旅游日接待能力达到3万人以上。

图3-17 栾川的重渡沟农家乐

栾川能够拓宽思路，大量吸引本地资本投向旅游景区、宾馆（饭店）、旅游购物市场建设和旅游商品开发等各方面，不仅极大地完善和健全了栾川旅游服务体系，促进了栾川旅游业的快速发展。更重要的是，家乡的那份荣誉感与责任感使得各位在家乡投资的老板们都愿意走可持续发展的道路，这也为栾川旅游的可持续发展打下了坚定的基础。

第四节 从传统营销到目的地营销的跨越

随着社会的飞速发展，市场上的卖家经济模式早已转为买家经济模式。现代社会，任何产品的成功都已离不开市场化的宣传与推广。在商品交易活动之中，营销不是企业成功的唯一因素，而是企业创造辉煌的关键因素。同样，随着旅游活动的深入发展和旅游市场竞争的不断加剧，旅游营销在旅游发展过程中的重要性日益显现。

栾川旅游之所以能够取得今天的成绩，与其丰富的自然资源条件，政府的有力领导、当地矿主的投资都是密不可分的。但营销，同样是在栾川旅游整个发展过程中发挥着不容忽视的作用。“栾川尽管没有一流的资源，但是要做一流的市场，要始终不渝坚持以灵活多样的市场营销方式，狠抓市场营销工作。”这是“栾川旅游人”挂在嘴边的一句话。的确，在各个发展阶段采用各种灵活多变的营销策略，从最初的点子营销到最后的目的地品牌营销，这其中的摸索、创意与跨越，可谓是“栾川模式”闻名全国的“撒手锏”。

一、点子营销，吸引眼球

当今社会是一个信息大爆炸的社会，尤其是互联网的出现，促使信息非但不是一种稀缺资源，反而是一种极其过剩的资源。但相对于过剩的信息资源，只有一种资源是稀缺的，那就是人们的注意力。因此也就产生了人们所说的“注意力经济”。

如今，为了吸引人们的注意力，各种千奇百怪的营销点子层出不穷。有人指责这是人们在激烈的市场竞争中产生的一种浮躁心理，是一叶障目的行为。但是，一个好的点子，一个新鲜的做法，却是实实在在地可以帮助初期缺乏资金的企业迅速发展，在成长时期“攻城掠寨”的企业锦上添花。

因此，点子营销虽然属于启蒙式营销阶段，但在栾川旅游发展过程中，也立下了汗马功劳。2004年10月，“鸡冠洞一吻千年热吻大赛”热遍大中原。活动累计吸引11万观众，有16家国家级媒体报道，133个专题报道在各大网站争论不休。一时间，栾川鸡冠洞名扬大江南北。[①] 2005年12月6日，郑州市民惊呼“2005年绿城第一场雪——栾川造！”原来，这是第二届中原滑雪节前夕，栾川在郑州绿城广场现场造雪、向郑州市民送雪，省会媒体竞相报道，栾川再次火爆“绿城”。黑人留学生叫卖栾川山水、“亚洲第一巨人”宣传栾川旅游、万名健康老人骑游绿色栾川、中国棋圣走进栾川、栾川县长叫卖空气、给郑州人民输送空气、老君山

图3-18 鸡冠洞“一吻千年”热吻大赛活动

①韩嘉俊，张莉娜.美景与营销[N].河南日报，2006-09-28。

万人宴……一个个精彩的宣传营销“金点子”在社会上产生了强烈的轰动效应，也激发了栾川干部群众开动脑筋发展旅游的热情。

图3-19　中国棋圣走进栾川

图3-20　栾川县长咎宏仓前往郑州叫卖空气

图3-21　走进郑州给省会人民输送栾川新鲜空气

图3-22　老君山蟠桃养生万人宴

二、对接营销，差异经营

栾川旅游发展初期，资金紧缺，根本没有营销费用，为此，栾川在宣传上动了不少脑筋，想出了不少不同寻常的营销办法。其中，与电台对接、与工厂对接，都是“四两拨千斤”的好办法。

有一年，省电视台对口扶贫栾川，县委书记听说之后，决定一定要抓住这次机会。于是他带着县里干部，亲自登门拜访省电视台领导，并向对方淋漓尽致地阐述了栾川发展旅游的想法，希望对方多多支持。至于电视台在栾川的扶贫项目，栾川则自己想办法解决。事实证明，这次机会真被栾川人抓住了，栾川旅游赢得了省电视台的鼎力支持。当年，省电视台就为栾川投入了价值相当于1100万元的旅游广告宣传费用。电视台通过自身的有利渠道，组织采取专题采访、特色报道、广告等多种方式，对栾川旅游展开宣传，取得了很好的宣传效果。

栾川各景区与工厂对接，搞合作，对栾川当时的发展也发挥了极大的作用。在当时，旅游被认为是富人的活动，但经过对洛阳的调查研究，栾川各景区负责人认为，工薪阶层范围大、层面厚。如果能将洛阳工薪阶层的消费欲望激发出来，到栾川旅游也是很有发展前景的。于是，栾川最初将目标客源市场定在了潜力巨大的工薪阶层身上。当时，栾川的各个景区都会制作景区的风景宣传光盘与海报，到当时的国有企业中去宣传。据原重渡沟总经理任县国回忆，当时他和马海明两人拿着介绍信，带着一对当地竹子编的花架子做见面礼，找到洛阳铜加工厂的宣传部部长，希望他可以在厂里宣传一下。没想到，此人也是十分豪爽，立刻又给他们写了5封介绍信，介绍到洛阳的其他各大工厂，并开玩笑地说，“你拿着我的介绍信，让厂里电视台播你景区的光盘，不要钱。本身这厂里就没什么好播的，你们还刚好给他们提供了素材呢”。当时，这些工厂的电台受众也有十多万人，这一宣传，在当时的洛阳掀起了一股到栾川旅游的新时尚。

图3-23 “免费”拉来的游客

三、加强合作，利益共享

尽管互联网的快速发展，改变了游客的一些消费习惯，但不可否认的是，迄今为止，旅行社作为一种中介机构，在旅游目的地的发展中依旧起着至关重要的作用。处理好与旅行社的合作关系，是一个成熟旅游目的地的必备功课。

栾川发展旅游，始终强力实施“引客入栾”战略。他们不但会邀请全国重点客源城市旅行社到栾川考察踩线，还会与旅行商签订长期合作协议。通过踩线，使旅行社认识了栾川，通过对踩线旅行社的让利优惠，也激发了踩线旅行社的组团积极性，达到了资源和效益共享的目的。

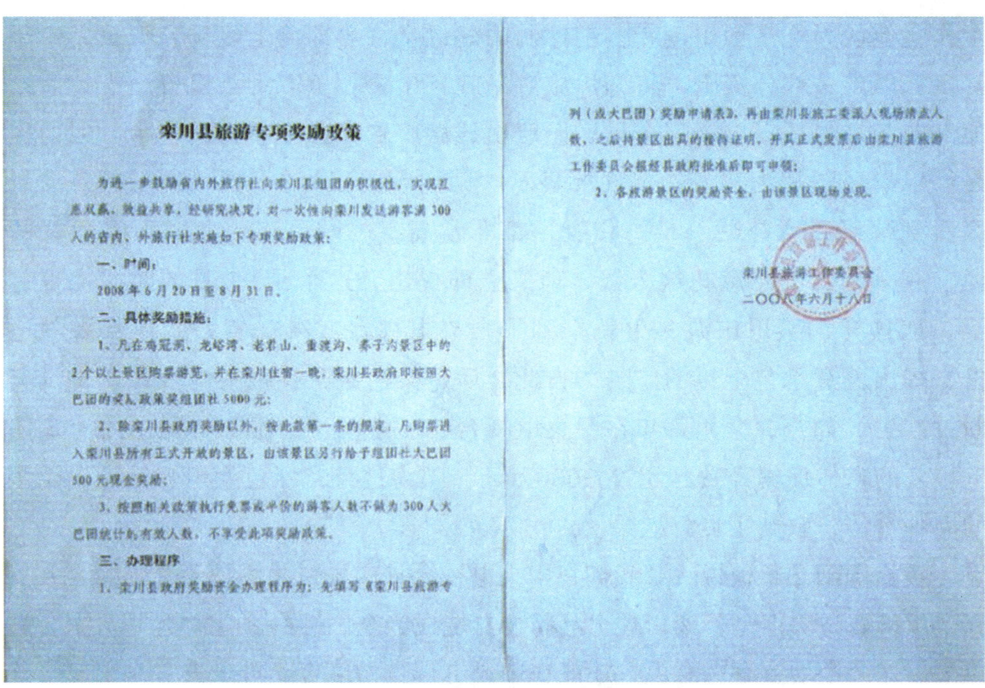

栾川县旅游专项奖励政策

为进一步鼓励省内外旅行社向栾川县组团的积极性，实现互惠双赢，效益共享，经研究决定，对一次性向栾川发送游客满 300 人的省内、外旅行社实施如下专项奖励政策：

一、时间：

2008 年 6 月 20 日至 8 月 31 日。

二、具体奖励措施：

1、凡在鸡冠洞、龙峪湾、老君山、重渡沟、养子沟景区中的 2 个以上景区购票游览，并在栾川住宿一晚，栾川县政府即按照大巴团的奖励政策奖组团社 5000 元；

2、除栾川县政府奖励以外，按此款第一条的规定，凡购票进入栾川县所有正式开放的景区，由该景区另行给予组团社大巴团 500 元现金奖励；

3、按照相关政策执行免票或半价的游客人数不做为 300 人大巴团统计的有效人数，不享受此项奖励政策。

三、办理程序

1、栾川县政府奖励资金办理程序为：先填写《栾川县旅游专列（或大巴团）奖励申请表》，再由栾川县旅工委派人现场清点人数，之后持景区出具的接待证明，开具正式发票后由栾川县旅游工作委员会报经县政府批准后即可申领；

2、各旅游景区的奖励资金，由该景区现场兑现。

栾川县旅游工作委员会
二〇〇八年六月十八日

图3–24 针对旅行社的栾川县旅游专项奖励

四、“傍大款”，打造品牌

栾川旅游在起步阶段，借助部门联合营销等政府行为取得了良好的宣传效果。但是，栾川人明白，这毕竟不是长久之计，要发展，必须要创新营销体制。但问题是，县旅游财政很少，各个景区的旅游宣传又是各自为政。旅游委的营销工作开展起来非常困难。2005年，一个有益的尝试打破了当时的营销困局。

当时，洛阳电视台在中央电视台《午间新闻》之后的《天气预报》旁开了一个窗口。在预报洛阳天气时，另一边可显示图片，也就是形象品牌展播。洛阳市为了加快各县的旅游发展，将这个广告分给每个县区3个月，但钱还是要由各个县区自己去筹集。当时上任不久的副县长黄裕国，主抓旅游工作，他认为这是栾川创新营销体制的好机会，当即向上级领导汇报，希望县里可以出一部分资金，将栾川旅游品牌打出去。争取到县里资金支持后，他又向各个景区提出，哪个景区愿意出钱做广告，县里将补贴一半。但前提是，以景区图片为背景，前面要显示“栾川+景区”的字样。栾川的各大景区看到政府愿意补贴一半，积极性都非常高，一呼百应。此时黄县长又听说，有一个县不愿意花这个钱，他又立即提出，这个县3个月的时段他也包了。就这样，栾川旅游一下就推到了中央电视台。第二年，栾川县乘胜追击，提出愿意承包全年的广告。自此之后，栾川旅游在中央电视台就再没有断过广告。如今，栾川每年在中央电视台、《中国旅游报》等国内主流媒体上投入的宣传促销经费已超过 3000万元，强力进行“绿色栾川·健康乐园”的品牌宣传，收到了良好效果。

黄裕国副县长曾说，“我们在中央电视台打广告，并不是要全国的客人都到栾川来旅游。但是，栾川这个品牌要打造成为全国性的。让游客一看，会觉得栾川这个小地方有点意思，还能在中央电视台做广告，可以去看一看。我就把这个方法称为‘傍大款’，借助强势媒体，打造我们栾川品牌。”

从那之后，栾川县受到启发，认为景区营销要搞好，就要走市场化的道路。也因此提出了“政府做形象，企业做市场”的工作思路。此后，凡是涉及栾川整体形象的问题，政府都会通过经济杠杆的力量撬动大家的积极性。经过多年发展，栾川近年在旅游宣传促销上形成一条不成文的规矩，凡是在中央电视台做广告的景区，挂上“绿色栾川、健康乐园”几个字，县财政就补贴一半的钱。在省电视台做广告，县财政补贴1/3的钱，但已经成熟的河南市场除外。

栾川旅游在各大媒体进行宣传时，注意将分散的要素聚合起来，实行品牌、景区、资金、人员和手段五大资源的整合，这样，不但克服了资金不足的困难，改变了以往“零、散、弱、小”的状况，还树立了栾川旅游的整体形象品牌。而叫响整体旅游品牌，是一种简化，也是一种聚焦。山东省曾依靠“捆绑”销售将“好客山东”叫响全国，栾川的做法有异曲同工之妙。

第四章　景区——引凤、反哺与改制

栾川县旅游发展迅猛，景区作为核心带动了全县旅游业的快速发展。从1993年4月栾川的第一家旅游景区鸡冠洞开门迎客到2014年3月的21年间，在栾川县2478平方公里的土地上，共建立了大大小小14家旅游景区，其中国家级5A级旅游景区两个：老君山、鸡冠洞；国家级4A级旅游景区5个：重渡沟、伏牛山滑雪场、龙峪湾、抱犊寨、养子沟，栾川成为了全国拥有4A级以上旅游景区最多的县份。此外栾川还有倒回沟、九龙山温泉、大峡谷漂流、马尔代夫港湾、蝴蝶谷、白马潭等景区，丰富了游客的选择。

栾川的旅游能有今日的发展，政府的招商引资在栾川旅游从无到有中发挥了重要作用，有胆识企业家的投资、决策也为景区发展注入了强大的推动力。本章以伏牛山滑雪场、老君山、鸡冠洞景区为代表，讲述栾川旅游景区发展中招商引资、工业反哺和企业改制的故事。因重渡沟景区为栾川乡村旅游的典型代表，另分章著述。

图4-1　老君山风景

第一节 伏牛山滑雪场——“北雪南移”的冰雪奇迹

一提到滑雪，人们第一时间想到的就是在北半球其他国家里或者祖国的北部地区，在寒冷的冬日、呵气成冰的户外，白茫茫的雪山上，专业滑雪者潇洒地雪上飞跃。但是，对于2003年前的地处北纬33°附近暖温带季风气候区的河南人民来说，提到滑雪，那只是在电视、网络和图片中才能看到的运动项目。

可是，却有一个人，他不仅将滑雪运动带到了河南，开了“北雪南移”的先河，还打造了“四季滑雪”等一系列的冰雪奇迹。他就是伏牛山滑雪场的掌门人——王晓虎。在他的手下，伏牛山滑雪场在中西部称“王”，拥有五项“纪录”：伏牛山滑雪场是全国唯一拥有室内、室外场地的滑雪场；是第一个举办国家级滑雪赛事的中西部滑雪场；是中西部设施最完备的滑雪场；是中西部娱乐项目最多的滑雪场；是国内旅游资源最丰富的滑雪场。

图4–2 伏牛山滑雪场所获荣誉

那么，开创出此项冰雪奇迹的王晓虎又是怎样的人呢?

2013年8月，暑气正盛，编写组成员在伏牛山1600米的高山上见识到了冰天雪地的室内滑雪和人气旺盛的滑草娱乐。在滑草坡旁边，伏牛山滑雪场的总经理王晓虎向我们讲起了自己这些年开发建设滑雪场的故事。整整两个小时，王晓虎始终是激情澎湃、抑扬顿挫，像一个专业的演说家。

图4-3 编写组成员和王晓虎（后排右四）在滑草场前合影

一、项目引进：天时、地利、人和的“史无前例”

滑雪场的建设，完全体现了中国的孔孟之道“天时、地利、人和”。在滑雪场建设之前，栾川旅游有了第一个辉煌期，鸡冠洞、龙峪湾、重渡沟、倒回沟、养子沟叫响了栾川旅游的品牌，可是这些景区都是观光游览型景区，栾川旅游陷入了不可避免的“干半年、歇半年”的尴尬局面。如何改变这种情况也成了栾川旅游局领导们思考的问题。

2002年，前往北京考察学习的旅游局领导孙小峰无意中进入了怀柔怀北滑雪场景区。当看到冰天雪地的山坡上，密密麻麻的游客飞驰在雪地上，两台庞大的造雪机在一边不停地造雪。栾川旅工委主任孙小峰极其惊讶，他想，“我们栾川有海拔高的区位优势，有大片的山地，气温条件也不比这里差，是不是也适合建设滑雪场？”当即就决定找到滑雪场的经理，问问他们是否感兴趣投资栾川旅游。

就是这次际遇，孙小峰见到了当时怀北滑雪场的经理王晓虎。家乡在河南的王晓虎听完栾川旅游局领导介绍后，决定跟着这些老乡去栾川考察一番。

根据时任栾川旅工委主任、现任洛阳市林业局局长孙小峰的回忆，和滑雪场签约的过程充满了传奇性。王晓虎和他的投资者来栾川考察的时候是2002年1~4月，一共来了三次，正常情况下栾川3月之后就不下雪了。可是，滑雪场来考察的那几次，他们来一次，栾川山顶就下一次雪，一直到四月来考察，山顶都在下雪。这么好的气候条件加上杨树坪村高海拔山地、平坦的地貌，简直是喜坏了投资者。

有了天时和地利，栾川县为了引进这个唯一的冬季旅游项目，也不惜投入众多的人力、物力和财力，充分给予了“人和”的支持。修公路、架电线、修水管、铺网线，所有需要的手续在景区现场办公，一路绿灯保证了滑雪场在建设6个月后，2004年1月1日开门运营。一经开张，震惊了中原旅游市场和全国滑雪市场。

伏牛山滑雪场是中国中部首个滑雪场，其规模、档次和影响力在中西部地区可谓首屈一指，在推行国内滑雪项目“北雪南移”的方面起到了模范带头作用。伏牛山滑雪场为中原地区冬季旅游填补了一项空白，滑雪旅游也拉长了栾川旅游的链条，提升了洛阳的旅游形象。

二、营销轰动：“给绿城人民送雪去”

滑雪场起步之初，就将客源市场瞄向了省会郑州，为了打造轰动的营销效果，滑雪场不惜重金投资，将雪造到了郑州绿城广场。2005年12月5日15时30分，伏牛山滑雪场的一台造雪机“乘车”来到绿城广场，在泵站的“协助”下，净水经过加压雾化喷到空中，颗粒状的雪从造雪机中喷出，洒向5000平方米的草坪和树木。半个小时后，广场上出现奇特的两重天：既有青草绿树，又有白雪皑皑。雾凇、冰挂等寒冬奇观，展现在游人面前。经过20多个小时的持续造雪，到16日清晨，晨练的市民都看到了冬天的“第一场雪”。市民兴奋地喊叫着冲向雪地，团雪球，打雪仗，感受久违的冬雪，在雪地中留下串串足迹。王晓虎还专门派了滑雪教练到绿城广场，现场传授滑雪技巧，郑州市民可尽情赏雪、玩雪。

这一创新性的营销活动迅速“走红”，引起了河南省各大报纸整版的争相报道。冬季滑雪走进了人们的视野。2008年12月，国家体育总局将伏牛山滑雪场确定为中西部地区滑雪从业人员培训和考试基地；2009年1月，全国高山滑雪青少年锦标赛在伏牛山滑雪场举行，每年一度的滑雪节已经成为中原地区冬季旅游的亮点。如今的洛阳伏牛山滑雪场已经成为河南冰雪旅游的风向标。

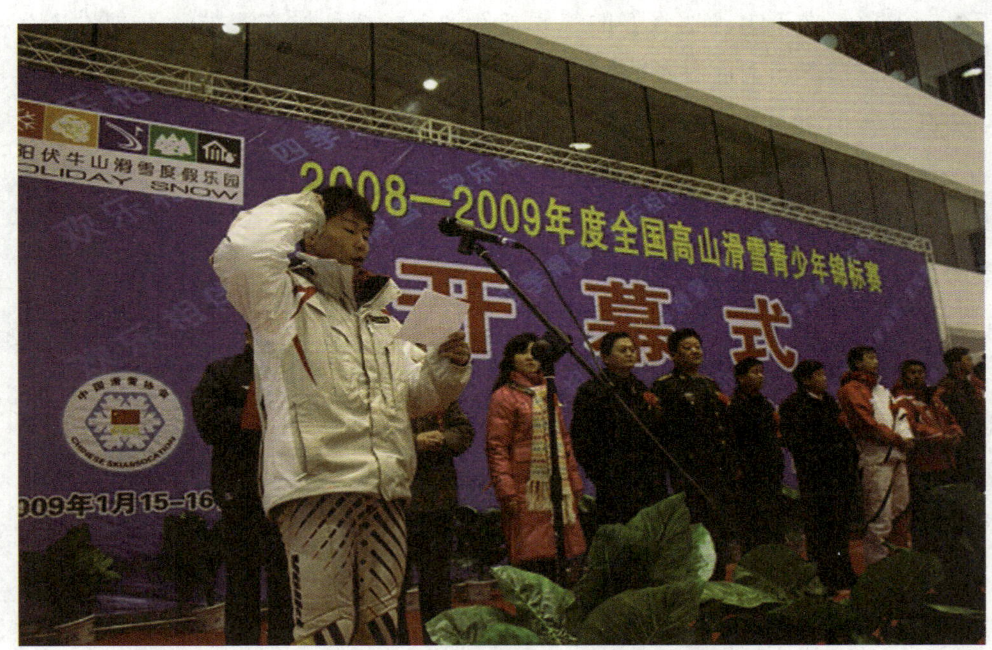

图4-4　伏牛山滑雪场举办全国高山滑雪青少年锦标赛

三、激烈竞争下的基业长青

作为河南省第一家滑雪场，王晓虎开创了“中原滑雪旅游”之先河、“点燃了河南冬季旅游一把火”，实现了“北雪南移”的壮举。可是，市场总是最具敏感性和跟风性的，什么项目盈利了，很快就会有模仿者迅速出现，分享同一块“蛋糕”。

从2003年春天伏牛山滑雪场的投资兴建到2006年，中原地区出现了大大小小不下10家滑雪场，冬季冰雪游已成一块“大蛋糕”，投资商们很想分享其中的红利，纷纷在自己的景区内投资兴建滑雪场，招徕游客。在竞争如此激励的市场中，作为开山掌门的伏牛山滑雪场该如何保持“基业长青”呢？

用王晓虎自己的话来说，他们不怕竞争，伏牛山滑雪场和这些滑雪场关系都很和睦，伏牛山滑雪场因为是中原最先开发的滑雪企业，一直处于龙头地位，但是一家滑雪场是无法满足周边省市游客需求的，其他滑雪场起到了很好的补充作用，为伏牛山滑雪场培养了初级市场。滑雪不是一生玩一次就足够的游览观光景区，而是一年四季都可以进行的运动型项目，当游客都感受到滑雪的魅力的时候，滑雪场的生意只会越来越好。

当然，在发展竞争中，伏牛山滑雪场也要打造自己的核心竞争力，那就是“创新+打造精品”。创新，就是要不断地推出新的旅游项目和滑雪体验，而打造精品就是要将滑雪场做精、做细。现在中原地区的冰雪旅游项目还处于初级发展阶段，很多方面不健全。只保证有了造雪机，有了滑雪的地方，却不能保证游客体验，中原地区滑雪场内经常看到游客人仰马翻的场面，很多滑雪场没有足够的专业技术人员。而在欧洲，当地的初级滑雪场上几乎无人摔跤，由于每个游客进入滑雪场，工作人员都要先为其称体重、量身高，询问滑雪水平高低，然后为游客调试雪板以适合其使用。伏牛山滑雪场一直朝这个方向努力，在这些方面提升自己。只有不断创新才能吸引游客的关注，只有打造精品滑雪场，才可以保持这份永久的吸引力，让景区基业长青。

四、创新与颠覆：“冬季滑雪”到“四季滑雪”

王晓虎是一个敢于突破和大胆创新的人，在伏牛山滑雪场开业三年之后，王晓虎已经不再满足于滑雪场从无到有的转变，开始想到其他的突破方式，2007年，滑雪场正式提出了“四季滑雪”的概念，颠覆了人们“冬季滑雪”的认识。

2007年5月，伏牛山滑雪场实现了资产重组，之后计划投资3亿元，对滑雪场进行全面升级改造，实现从“冬季滑雪”到“四季滑雪”的战略目标。改造工程的核心，是投资8000多万元建设一座四季冰雪乐园。2007年12月15日，这座建筑面积1.5万平方米的现代化冰雪设施投入运营。其中，室内滑雪馆总面积8000平方米，可同时容纳1000人滑雪，核心设备全部从国外引进，一年四季设备不停机；室内溜冰场面积800平方米，灯光、音响等设施一流，能满足专业级表演要求。

图4–5　伏牛山冰雪乐园

“这里的室内滑雪馆是全国第四家，前三个分别建在深圳、北京、上海。负责建设滑雪馆的设计人员，曾参与前三个室内滑雪馆建设，因此，以前三次的经验为基础，在设计伏牛山室内滑雪场时做到了最优，8000平方米的面积也是国内最大的，硬件设备、接待服务能力与其他几家不相上下。”“我们将冰雪结合，既能滑雪又能滑冰，绝对独一无二”，王晓虎自豪地说。在这个世界里，滑雪不再是冬天的专利，什么夏日炎炎，什么酷热难当，统统可以抛到一边，堆雪人、打雪仗、团雪球；赏雪、戏雪、滑雪……室内滑雪场可以充分领略冰天雪地的银色风情，尽享雪上飞驰的乐趣，尽情享受一个真正的冰凉世界。除了给大家一个清凉世界，颠覆的主要目的就是为了颠覆。“我要让大家了解，滑雪是一项持续的运动方式，而不是偶一为之的娱乐方式。”

图4-6　伏牛山冰雪乐园室内滑雪景观

在冬季，室内滑雪馆可以为高端客户提供更舒适的环境，丰富产品线；而在其他季节，室内滑雪则成为一个崭新的旅游项目，填补了市场空白。

作为夏季冰雪旅游的大胆尝试，2008年7月5日，景区举办了首届中原伏牛山夏季冰雪旅游节。除在当日举行全省全能登山赛外，还将陆续举行花样滑冰邀请赛、全省室内单板滑雪赛、全省山地运动会等，并与毗邻景区举办定向探索等多种丰富多彩的活动。

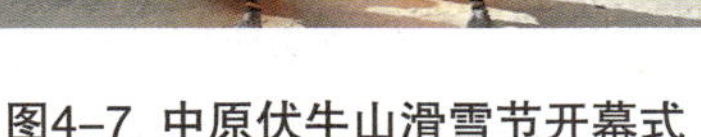

图4-7　中原伏牛山滑雪节开幕式

图4-8　中原伏牛山滑雪节参赛团队

为打响夏季冰雪这一品牌，景区加大了宣传推介力度，利用报纸、电视、网络等向重点客源地展开攻势，效果斐然：省内某机构将组织1000辆自驾游车辆，首批300辆已经到达洛阳；不少知名大企业也将培训活动、客户联谊活动放在滑雪场；零度特训营、冰雪夏令营等针对青少年的活动十分火爆，景区不得不一度推迟接团……

五、“一夜回到解放前”的凤凰涅槃

但是，滑雪场的经营并不是一帆风顺的。2010年，如日中天的滑雪场，几乎遭遇了灭顶之灾，7月24日，伏牛山滑雪场遭遇特大暴雨，连续七个半小时的疯狂侵袭，园区内洪水泛滥、处处塌陷，断水、断电、通信中断、道路中断。灾情发生后，伏牛山滑雪度假乐园组织员工奋力抢险。首先是迅速撤离113名游客，景区组织76名精干员工携手113名游客，带着馒头和水，带着爬山必用的大绳，分成两队，并安排卫生员带着常用的药品全程服务，历时6小时15分钟，徒步18公里，翻山越岭、一路攀爬，将游客一个一个护送下山。

图4-9 “7·24”暴雨山洪席卷栾川

图4-10 受灾后的栾川人民

25日，大雨停止。经过认真排查发现，伏牛山滑雪乐园860米地下大暗涵塌陷5处，塌方量8000立方米，高山高级道大面积损毁，高山中级道、初级道、练习区、儿童练习区全部损毁；室内滑雪馆内的冰雕冰灯全部损毁；室内滑雪馆机房的制冷系统、供排水系统、供气系统以及供电系统，大面积损毁；德国滑道被破坏、索道电房倒塌，中心电房倒塌；园区内的监控系统、网络系统、地下电网系统、地下供排水系统被破坏；网球场、篮球场被大面积损坏。伏牛山滑雪乐园工程人员说，“现在这里是面目全非，这次洪水造成的损失至少在1.1亿元以上，恢复重建要远比新建的难度大得多”。

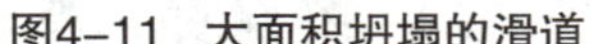

图4-11　大面积坍塌的滑道

图4-12　洪水灾害对滑雪场的破坏

王晓虎说："若不是滑雪场之前有那么大的影响力，也许面对这次打击，景区就没有回天之力了。"可是，伏牛山滑雪旅游是栾川旅游的一面大旗，也是洛阳旅游的一个重要标志，这面旗帜不能倒。

秉承着这种精神，在栾川政府的支持下，滑雪场景区员工自强不息，一切从头开始，重新架线路、铺管道，修复被破坏的机器、设备和场地，提升抗洪水的建筑等级，建设应急设备设施，很快滑雪场重新开业了，度过了艰难的"涅槃"时期，滑雪场迎来了新的春天。

图4-13　洪灾后重建的滑道场地

图4-14　重建后的滑雪场游客中心

六、雄心蓝图：休闲度假时代的"四季经营"

面对成绩，王晓虎没有自满；面对打击，王晓虎没有退缩。重整滑雪旗鼓以后，王晓虎非但没有停止前进的脚步，反而把目光放到了更长远的"四季经营"。王晓虎说："现在已经步入了休闲度假时代，滑雪场要依托现有的滑雪资源和山地资源优势，发展高山度假。"

首先，打造西鼎风景区。因为在春、夏、秋三季，四季冰雪乐园对儿童和青少年有很强的吸引力，但以此项目来启动大众市场就显得势单力薄，根据春、夏、秋季节人们的出游需求，山岳风光对大众还是有吸引力的，因此他决定在春、夏、秋季节确定的核心产品为西鼎原始森林。蜿蜒八百里伏牛山三大主峰呈三足鼎立之势，素称“伏牛三鼎”，其中西鼎主峰正处伏牛山滑雪场山顶区域，海拔高度2100米，山脊起伏平缓、原始森林茂密，非常适于人们徒步在森林中休闲游览，也称为西鼎原始森林区。目前开发了翠竹长廊、杜鹃园、揽秀台、橡树林、情侣峰等景点。下一步在现有徒步游览道的基础上，还将开发出高山电动观光车道，观光车道长度将超过10公里。冬季过后两条串联的滑雪索道被用作高山森林观光的上山交通工具，也就称为上山观光缆车，缆车可直接到达山顶的西鼎原始森林，下山人们可乘坐管式德国滑道。不重复的上下山方式，深受人们喜爱。

图4-15 西鼎风景区风光

图4-16 西鼎高山杜鹃

图4-17 管式德国滑道

此外，在春、夏、秋季节以西鼎原始森林为核心产品的前提下，在夏季更为突出夏季特色，开展对儿童、青少年学生更有吸引力的暗河漂流、帐篷露营、夜间广场演艺、篝火晚会项目。其中，暗河漂流由溶洞、山涧和湖滨三段组成，总长1.5公里，落差25米。其中洞内又由穿越时空隧道、触摸漫天星斗，沉入古海底三段构成。山涧和湖滨两段又分别称为别有洞天和湖光山色。此项目在夏季，每天都有很多人排长队乘坐。到了湖滨区可沿湖游玩和乘坐游船。湖滨由三个湖构成，湖面有5万多平方米。

图4-18　暗河漂流

图4-19　帐篷露营

图4-20　滑雪场篝火晚会

关于未来规划，王晓虎说，景区准备再投资2亿多元，装修好五星级听雪湖大酒店和新建18洞山地高尔夫球场，投资规模5亿多元人民币。因为现在滑雪场只有一个三星级的宾馆，一共只有600个床位，要想提升景区档次，实现度假接待，他们正在打造五星级大酒店听雪湖大酒店，该酒店建筑面积2.5万平方米，设有中餐厅和快餐厅，可同时容纳500人用餐。另外还有歌舞厅、会议室、塑胶灯光篮球场、网球场、台球、乒乓球等设施。此外，随着通往栾川的多条高速公路通车，进一步抓好四季经营的同时，景区准备大力发展旅游地产。充分利用优惠的土地政策，以项目为基础，以专业管理人才为突破口，大力推进招商引资工作，进一步做大做强旅游地产项目。开发高山度假地产项目，让城市人不用花太多钱就可以拥有一套高山度假休闲别墅。

图4-21　听雪湖大酒店规划图

第二节 老君山：致富不忘乡亲，工业反哺旅游

一、投资背景：政府吹响"转型"号角，矿主积极响应号召

栾川县是矿产资源大县，矿产经济占县域经济总量的80%以上，尤其是钼金属储量居亚洲第1位、世界第3位，是"中国钼都"。但是，栾川县领导却很有预见性地选择了旅游业作为县域经济发展的龙头。"矿石总有挖完的时候，但旅游业却正如旭日东升。我们要实现黑色经济向绿色经济的转型，走科学发展、持续发展之路。"栾川县委书记樊国玺说。于是栾川县政府持续加大对旅游业的投入，通过一系列的优惠政策和激励措施，引导民营工矿资本转移投资旅游产业。

政府积极吹响了"转型"的号角，有远见的民营企业家们积极响应。2007年以来，栾川全县工业资本注入旅游产业达20亿元，实现了由工矿经济向旅游经济的成功转型。如栾川的重渡沟景区、伏牛山滑雪度假乐园、抱犊寨景区、老君山景区，就连县城里按照五星级酒店标准建成的伊水湾大酒店、四星级酒店君山饭店等都是民营工矿资金反哺旅游产业结出的硕果。这其中最鲜活的例证就是2013年初成功创建的国家5A级旅游景区老君山。

二、杨植森"集北山之财建设秀美栾川"

位于河南省栾川县境内的老君山是八百里伏牛山的主峰，山势雄伟，群峰竞秀，道家文化源远流长。其境内拥有众多地质遗迹，独特的滑脱峰林地貌景观以及石林、马鬃岭等景观群，令人叹为观止，被联合国教科文组织专家、中国地质科学院原院长赵逊称为"迄今为止世界范围内发现的规模最大的花岗岩峰林奇观"。拥有如此秀美自然资源的老君山从1997年开始努力发展旅游。2003年，身为国有林场的老君山经过多方努力争取到2000万元国家政策性资金，初步构建起景区旅游框架，并对外开放。2004年以后，由于机制不健全，老君山景区经营一度陷入困境，其收入远远不能满足建设支出，最终出现资金链条断裂，拖欠工资和工程款830多万元，造成旅游服务设施

建设跟不上、景区品位低等问题。

2007年，栾川县政府已经做出“转型”发展旅游的决定，为了吸引民间资本投入旅游业，此时，栾川有名的矿老板杨植森就成为了政府的“重点发展对象”。那时候，县委、县政府领导三天两头去找他，给他讲说旅游业的发展前景，鼓励他投资景区。可是，农民出身、当过支书、开过矿的民营企业家杨植森，之前从未接触过旅游业，他也想回报家乡，但是作为旅游开发的“门外汉”，他有热情，却又害怕做不好。当时，他甚至写了保证书，让儿子和他一起按上指印：“我自愿拿出6300万元，无偿贡献给政府，替老君山还清债务，但我不做旅游。”后来，政府领导坚持不懈地为杨植森做工作，解决他的顾虑。县里的这份诚心也感动了杨植森。今天的杨植森依旧谦虚坦率地说：“你要说有啥思想境界，我没有，就是当时政府工作做得好。而我，本身就是老君山的人，生在老君山脚下七里坪村，当了30多年的大队长，就是对老君山有感情。”就这样，杨老带着对家乡的热情，投入到了老君山旅游景区的开发建设上来，开始投资老君山。2007年8月23日，杨植森所经营的栾川县瑞丰工贸有限公司投入6300万元，与老君山林场签订合作投资开发协议，注册成立河南省老君山生态旅游开发有限公司，专门从事老君山景区的开发、经营和管理。先是还清了老君山国有林场拖欠的830万元欠款，又偿还了林场拖欠员工的工资，将所有员工安置到景区。原本负债累累、举步维艰的老君山林场得以改制，迎来了快速发展的“春天”。至2013年8月，老君山改制六年来，杨植森一共投资景区6亿元，前两年还开矿的时候，老杨位于北山的矿山挣钱了，他这边就把矿山挣的钱赶快拿到位于南山

图4-22　编写组成员与杨植森（右四）合影

的老君山景区里投资建设。正如他自己在竹溪苑对联上所写的那样，他就是“集北山之财建设秀美栾川”，这位年近70岁的老人将自己全部的精力投入到了秀美栾川的旅游建设上来。

三、门外汉做旅游：高起点、重规划

用杨植森自己的话来说，他最担心的就是自己没有做旅游的经验，怕搞砸了，对不起政府和家乡人民的信任。因此，从建设之初，他就把景区规划看得非常重要。为了全面提升景区的档次和品位，全力打造精品景区，杨植森坚持高起点规划和高规格建设的经营理念。经过一番考察，不惜重金邀请上海同济城市规划设计院为老君山编制《老君山风景名胜区总体规划》（2008~2020年），并被河南省人民政府批准实施。后来，景区又聘请北京绿维创景规划设计院编制了《老君山提升全案策划》。2010年，景区本着对历史高度负责的精神，请清华大学古建研究设计院编写了《河南老君山老君庙修建性详规》，并报请河南省政府审议通过，为老君山景区开发和发展进一步指明了方向。

图4-23 老君山风景名胜区总体规划评审会

图4-24 老君山游客服务中心

景区按照规划的方案在基础设施建设方面，先后投资了6亿元，对景区进行了全方位改造扩建。在这些投资中，不乏一些大手笔：投资5000余万元建设游客中心；为解决内部交通，投资1.2亿元从奥地利引进目前世界最先进的索道，中灵索道本身就成了一道旅游资源；用青铜360吨铸造了高59米的老子圣像，兴建了总面积10万平方米的老子文化苑；投资1亿元修建的老君山金顶道观群；投资8000多万元，实现道路升级、停车场扩容、标示牌更新、环境美化绿化、数字化全覆盖监控系统等项目，基本实现了智能化景区的功能；2011年8月，花费1000多万元将寨沟景区购买，形成两沟加一山的格局——老君山加上东部寨沟和西部追梦谷。

图4-25 老君山游客服务中心内部

图4-26 老君山景区数字化监控中心

图4-27 奥地利进口索道

图4-28 纯铜老子圣像

图4-29 老君山金顶道观群

图4-30 老君山追梦谷风光

与此同时，景区对软件服务建设也投入了大量的人力、物力，以超5A的服务标准要求自己，先后邀请北京的礼仪公司对景区所有员工进行礼仪培训，以此提高景区的软件服务接待水平。[①]

短短5年时间，老君山景区从一无所有到伏牛山世界地质公园、国家5A级旅游景区、国家风景名胜区、国家级自然保护区，跻身全国一流景区行列。杨植森干旅游也“上了瘾”，塑铜像、架缆车、修栈道、铸金顶，老君山景区日新月异。门票收入由原来每年不足百万元攀升至2000万元，景区间接带动了近200家农家宾馆的经营，解决了1000多人就业。在投资、开发、经营、管理老君山景区的过程中，杨植森有着自己的理念和想法。

四、就业：让农民吃上“旅游饭”

在杨植森看来，旅游业是朝阳产业，其本身具有产联度高、就业容量大等特点，特别是在栾川这样的山区县开发投资旅游业，更能够活跃山区经济，加快第三产业发展，改善山区生态环境，同时还可以弘扬传统文化，助推县域经济的可持续发展。

为了带动当地农民脱贫致富，杨植森将景区内餐饮、住宿、购物等经营项目全部交给当地农民，带动老君山周边七里坪、寨沟、洛庄和方村4个村、几千户农民来参与旅游，通过经营农家乐、卖山货等方式致富，人均年收入在1万元以上，最多的达到十几万元。此外，老君山在景区的建设过程中，只要当地村民能做的，就都交由当地农民来做，切切实实把回报乡民落在实处。

五、品牌：紧抓文化的灵魂

“文化是旅游的灵魂。”杨植森说，他开发老君山的经营理念就是：“山为基、文为魂、道为根、人为本。”老君山拥有深厚的道家文化，在开发中，始终以文化为切入点，将老君山打造成为山水和文化相融的“绝版”。景区还专门聘请了栾川前人大主任、《栾川旅游日记》的记录者、老子文化的研究者张记为老君山文化顾问，负责老君山文化内涵的挖掘工作。

①娄娟.老君山给人们一处心灵憩息地[N].东方今报（电子版），2012-07-31，http://www.jinbw.com.cn/jinbw/xwzx/lvyou/ 201207313543.htm.

据老君山文化顾问张记介绍，2013年，老君山即将出版《老君山历史文化遗存》一书，为编这本书，他们遍览了北京大学图书馆、河南大学图书馆资源，将与老君山相关的两千多年的历史和文化故事都挖掘了出来，来增加老君山的历史文化内涵，并举办老君山文化旅游节，展示道家文化。

图4-31　2011年老君山文化旅游节

在景区文化的打造上，景区花重金建设了老子文化苑。老子文化苑整体布局突出了“大道行天下、和谐兴中华”的主题，落成的老子铜像高59米，用360吨青铜铸造，铜像一旁是由内地及港台地区的当代书法家书写的“道德经墙”。老子文化苑的建成将成为弘扬老子思想、传承道家文化的重要载体，对老君山打造老子归隐地、建设国内知名的道教圣地，使其成为集山水景观游览、老子文化体验、道家修学教育等功能为一体，吃、住、行、游、购、娱配套齐全的综合型旅游目的地，起到了极其重要的作用。

图4-32　《君山追梦》实景演出

除了硬件方面的建设，杨植森和他的景区团队还投巨资打造了一部大型山水实景演出《君山追梦》，以此来展示老君山道教文化精髓，填补栾川旅游晚间无景可看的空白。

此外，杨植森还不断邀请著名诗人、作家、书画家及摄影家到景区采风、创作，并先后编辑出版了《老君山诗联》、《老君山风光摄影集》等书籍，以此来宣传景区文化，树立老君山品牌形象。

六、细节：厕所也是一种文化

老君山景区观赏面积大，景区内地形、地势各异，这样，卫生清理的难度就很大。以往的山地自然景观，游客最苦恼的事情就是如厕问题。爬山需要体力，补充水分，可游客喝了水之后，却满山找不到厕所，即使找到了厕所，由于山上厕所清理困难，使用率高，厕所卫生也极其糟糕，还有很多游客从山上一直憋到山下再上厕所。

为了解决游客的问题，杨植森不仅增加了山里厕所的数量，还美化了厕所的环境，引进先进的技术为厕所清洁，并增派保洁人员。光在厕所的装潢设计上，他们就费了很多心思。老君山的公厕建筑精美、设施齐全、装潢考究，里面还巧妙糅合了老君山独有的道教文化以及景区景点的风光图片，并且配有诙谐幽默的笑话等。游客进入景区五星级公厕时候，都会被公厕的环境震撼到，有的游客竟笑称“简直像进了豪华大酒店”。公厕环境高雅、卫生清洁、设施齐全，并配备有吹风机、婴儿床等。

图4-33　老君山旅游标准化卫生间

图4-34　老君山旅游公厕卫生环境

七、环保：不当历史的罪人

杨植森经常以“积北山之财建设秀美栾川，汇南山之灵再造二次资源”之语自勉，在他看来，位于伊河之南的老君山秀美、灵气，在建设时他多次强调“要把生态和资源保护放在首位”，他的话说得很实在：“发展就是为了过好日子，如果连环境都破坏了，将来还怎么过日子，我们可不能成为罪人。”

在开发建设老君山时，景区将老君山原来的文化遗存都保存了下来，进行稳固和保护、修缮。今天来到老君山的灵寨隧道，游客可以看到穿山而过的隧道气派雄伟，而杨植森为了这个隧道多花了500万元。当时如果选择开山修路、炸掉山头，杨植森只需要花费不到100万元的资金就够了，但为了保护山上的植被和山中的动物，他情愿多花几倍的钱来建设隧道。

为了保护景区几棵古树，他宁可将步行栈道绕着古树多建设几十米，一米的价格是5000元。仅仅是保护这几棵古树，代价就达到了几十万元；为了生态保护，他还投巨资修建全省首条架空栈道；景区内步道、观景台建设尽量因地制宜，连垃圾箱都仿制成花岗岩，充分与山体色调一致，与环境相协调。

图4-35 保护古树而绕行的栈道

图4-36 架空栈道

图4-37 老君山十里画屏

而今，老君山景区的当家人杨植森已经年近七旬了，公司的事务已经交由他的儿子来打理，虽然退居二线，但是，杨植森将自己住的地方就选在了老君山的一个山谷里，他时刻感受着老君山的发展和变化。他生在老君山、爱着老君山、住在老君山，伴着老君山。

图4-38　老君山云海风光

第三节　鸡冠洞：国企的漂亮翻身仗

位于河南洛阳栾川县城西3公里的鸡冠洞景区，属喀斯特岩溶地貌，因山的外观貌似雄鸡昂首引颈高啼，山顶恰似鸡冠而得名。山中有一个天然形成的地下溶洞，据专家考证，洞内诸多景观在八亿年前就已定型。鸡冠洞深5600 米，上下分五层，落差 138 米，共分八大景区，洞内景观布局疏密有致，天然成趣，被称为北国第一洞。鸡冠洞景区是中国长江以北罕见的洞穴旅游景区。洞中一年四季恒温18℃，严冬季节，洞内热浪扑面，暖意融融；盛夏酷暑，洞中寒气侵袭，清神爽心，凉爽宜人。被誉为“自然大空调”。

鸡冠洞景区是栾川县由政府主导开发管理的国有企业，从1993年4月10日栾川鸡冠洞正式对外开放至2013年，鸡冠洞已经发展了20个春秋，20年来，鸡冠洞景区累计综合收入7.5亿元。今日的鸡冠洞不仅享有5A级旅游景区的荣誉，而且发展到固定资产6000多万元，员工180多名，带动周边四个居民组，300多名群众就业、生产、经营的大企业。2012年，景区年接待游客65万人次，门票收入3100万元，纳税200余万元，是栾川县最大的旅游纳税企业。

图4-39　北国第一洞——鸡冠洞景区

但是谁能想到今日辉煌的鸡冠洞景区却曾经是负债累累、艰苦运营，甚至差点夭折呢？

图4-40　鸡冠洞溶洞景观

一、创业之初：顶着压力，158天拿下一期工程

1992年3月，栾川县委、县政府作出决定，成立栾川县旅游资源开发委员会，任命刘中山为主任，吹响了开发鸡冠洞的号角。时任栾川县委书记郭栋在动员会上说："开发鸡冠洞必将拉开栾川旅游发展的序幕，希望全社会都来关心、支持鸡冠洞的开发。"开发事宜确定之后，社会各界立即行动，掀起了"党政主导、全民参与"的旅游开发热潮。栾川县旅游局、鸡冠山溶洞开发公司相继成立，县财政批准专项贷款的50万元成了鸡冠洞一期工程开发的启动资金。县四大班子、县旅游局等一班人积极行动起来，聘请工作人员，设计开发方案，日夜不停地展开各项工作。社会各界也纷纷加入到开发的行列，一时间，有的捐钢筋，有的捐水泥，有的出铲车，有的出人力，合力奏响了鸡冠洞开发的动人乐曲。

1992年9月28日，鸡冠洞一期开发工程奠基动工。作为洛阳旅游南线重要景点开发项目，洛阳市政府要求鸡冠洞必须赶在1993年洛阳牡丹花会之前开放迎宾。

鸡冠洞景区的奠基者——县旅游局副局长常青山，背负压力，带领景区员工开始了景区的开发。在鸡冠洞开发伊始，没有办公地点、食宿场所，仅靠租房借贷实施开发，举步维艰。请不起专家自己搞，没钱设计图纸土法上，积极展开各项工作。虽然时间紧、任务重，但景区建设丝毫不马虎。老领导常青山眼光长远、当时设计景区318级台阶和步道，至今都不过时，其长度、宽度20年来完全能满足景区的需求，让后来的领导们都对老领导的英明决策赞不绝口。

鸡冠洞一期开发工程包括景区公路铺修、仿古式牌楼、停车场、南北厢房、318级台阶、洞内游览步道、洞内灯光架设等12个项目。为如期完成任务，鸡冠山溶洞开发公司召开誓师大会，提出"为保'93410'，冰冻三尺不停工，宁可冻坏脚和手，春节不过保工程"的口号，公司全体人员同工程队一起顶风雪、冒严寒，吃住在工地，连续艰苦施工158天，确保了鸡冠洞一期开发工程竣工。

1993年4月10日，栾川第一个旅游景区鸡冠洞开景庆典仪式隆重举行，一座地下宫殿终于撩开神秘的面纱，栾川旅游蓬勃发展的序幕也由此拉开。常青

山动情地说："开发鸡冠洞是我一生中最值得骄傲、最刻骨铭心的经历！"

二、经营初期：面对重重困难，不抛弃、不放弃

1993年的鸡冠洞开门营业虽然轰动一时，但很快就平静下来，开业时门票价格很低，有5元、7元、9元三种票面，1993年，全年接待收入也只有22000元，与最初的投资177万元相比，投入与产出完全不对等。俗话说"打江山容易，守江山难"，随着最初的启动资金渐渐用完，又没有新的资金跟进，1996~2003年，是鸡冠洞最艰难的时期，甚至差点夭折。景区入不敷出、负债经营，与当地百姓矛盾也突出，旅游管理跟不上，职工每月100多元的工资都发不下来。但是，即使困难重重，鸡冠洞每一届的带头人都从未放弃过，始终坚持开门营业，自力更生、艰苦奋斗。

1994~1997年，鸡冠洞的"当家人"姚聚带领全体员工自筹资金，完成了自动化灯光安装、进洞台阶铺设、景区砂石公路、宿办楼建设工程。

1997~1999年，栾川县委、县政府提出"工矿兴县、旅游强县"战略，当时鸡冠洞管理处处长张金龙带领大家荣获"河南省服务标准化示范单位"称号。景区公路硬化、迎宾广场建设和水电设施建设等工程同时完成。

1999~2006年，杨保国同志任鸡冠洞管理处处长。抓住旅游黄金周、"栾川模式"叫响全国的历史机遇，鸡冠洞完成鸡冠洞大型生态停车场、星级旅游公厕、旅游纪念品市场、游客服务中心和票务中心、高山牡丹园等多个项目建设，景区环境日新月异。

图4-41 鸡冠洞景区游客票务中心

图4-42 高山牡丹园

这种"不抛弃、不放弃"的精神，让鸡冠洞景区度过了历史上最艰难的时期，实现了漂亮的翻身。2005年景区经营状况逐步好转，开始出现盈余，

2006年正式盈利，账面盈利10100元。2007~2012年连续被栾川县政府授予“贡献最大旅游企业”。

这个漂亮的翻身仗打的持久、经典，让景区人难忘。总结这场“持久战”取得胜利的根本原因，除了党政的正确领导，还可以从营销、管理、服务方面看出鸡冠洞人的智慧。

三、绩效激励：工资绩效改革的先驱

2001年，鸡冠洞景区最先打破了工资结构，原来景区员工的工资是按照劳动部门的档案制定工资标准，发放的原则是工龄长、年龄大的员工工资高。这种方法很容易出现问题，如“无论你职位多高、干了多少活，但你工龄不长、年龄不大工资就不高，这就会影响员工的积极性，出现熬年头的情况”。在这种情况下，景区率先打破了工资结构，按照“劳动量+技术含量”定工资，无论你年龄大小，你干多少活给你多少工资，同工同酬；不同级别工资不同，科长和员工工资不同，形成技术不同工资有差别的政策。这一激励改革，很好地激发了景区员工的积极性。

四、营销特色：鸡冠洞的“叫卖”艺术

企业的快速运转，不仅需要科学、果断的决策，更需要立竿见影的实施和落实。基于这一点，鸡冠洞景区在大力开发的同时，大胆走出了一条“狠抓营销，加快发展”的新路子。

20年来，鸡冠洞将宣传营销的“叫卖”艺术发挥得淋漓尽致。景区开放之初，景区领导班子亲自带队，奔赴全省各地及菏泽市、襄樊市、西安市等省外旅游市场，主动和各大传媒、旅游公司、旅行社对接，通过旅行社踩线、媒体记者采风、游客口碑宣传等多重渠道，拓展客源市场。

1995年5月，鸡冠洞景区推出了“鸡冠山溶洞电视大奖赛”。来自河南省17个地市的70多名电视台影视高手、文案记者首次背着行囊、扛着摄像机云涌栾川山城，聚焦鸡冠洞。前后不足一个星期的时间，“鸡冠洞品牌”便

响彻中原大地，飞入千家万户。

2004年10月，“鸡冠洞一吻千年热吻大赛”，热遍大中原。景区组织100多对情侣参加了这次活动，最后一对情侣以7小时10分钟的热吻时间夺得了冠军，拿到了1万元的奖金。此次活动共吸引累计11万观众观看，16家国家级媒体报道，133个专题报道在各大网站争论不休。一时间，鸡冠洞名扬大江南北。2006年召开的“全国第十二届风景溶洞研讨会”，使全国的目光再次聚焦牡丹花城、北国洞府。

2007年以来，鸡冠洞以强化品牌建设为中心，市场营销工作不断拓展和深入，客源市场迅速遍及河南、河北、山西、山东、江苏、北京、上海等11省、市以及200多个地市，游客流量大幅度攀升，经济效益始终保持快速增长势头。除了熙熙攘攘的旅游大巴、自驾车车流之外，景区又迎来了一趟趟专列，迎来了来自首都的包机，鸡冠洞旅游的客源半径仍在不断扩大。

用心营销，收获了喜人的硕果。1997年鸡冠洞景区门票收入仅70万元；2004年成为国家4A级旅游景区，门票收入近700万元；2012年，景区年接待游客65万人次，综合收入3100余万元。

五、对待职工：用心对员工，景区就是家

鸡冠洞拥有稳定的职工队伍。通过这些年的发展，景区建立了一套制度完善、目标明确、运转协调、奖惩严明、人尽其责的管理机制，形成了一个具有较强凝聚力的团队。2013年企业已有180名员工，其中65%是1993年企业开发时期的员工，队伍稳定。维持稳定、团结的员工队伍，鸡冠洞的秘诀就是“以情暖心，把景区当作家”，对员工进行亲情化、人性化管理。鸡冠洞“当家人”张志钦说：“只有景区职工把景区当作家，才能贴心为家做服务、做贡献，快乐幸福的职工一定可以将这份幸福快乐和对家的自豪感传递给游客。”

正是基于此，鸡冠洞的员工们对景区有着深厚的感情，他们在景区这个“家”遭受波折时，能荣辱与共、积极创新，伴随景区度过了一个又一个难关，为景区的发展无怨无悔地奉献着。

鸡冠洞处处洋溢着“家”的温暖。对待职工的工作和生活，景区非常舍得投入。职工工资不断上涨并按期发放；“五金”、劳保、各种福利按时发放；建设职工福利项目，扩大员工增收渠道，尽最大可能为职工谋福利；定期举办丰富多彩的职工文体活动，使职工放松身心、激发斗志、促进工作。

景区的员工都有这样的感受，每当家中有大事，领导班子都会亲自到场；年终，领导班子成员会亲自给退休同志拜年，去慰问困难职工；职工餐厅改革，实施餐费补贴，也是为了让员工花最少的钱吃到更好的饭菜……

“鸡冠洞要给员工提供展示自己才干的公平舞台，让每个人都能梦想成真，让每个人都有出彩的机会。”这是景区领导班子的共识。每年，鸡冠洞都要聘请专家到景区授课，内容涵盖普通话、接待礼仪、营销策略等，让员工在轻松愉悦的环境中提高服务技能，在潜移默化中形成自觉主动的服务意识；每年，景区都要进行岗位竞聘，让每位员工参与到公平竞争中；每个季度，景区都要开展“服务明星”、“岗位能手”、“创新能手”等评选活动，景区上下形成了比学赶超、创先争优的浓郁氛围。景区还经常组织大家“走出去”，到先进的景区学习，景区领导有“我们从来都是学习最优秀的景区”这样的理念，他们曾组织全体员工分批到张家界、云南、红旗渠、北京、海南等地的优秀景区旅游，一路学习下来，员工们的眼界开阔了，差距找到了，工作绩效大大提高了。

科学化、人性化的管理模式，增强了景区的凝聚力和向心力。政府的褒奖、游客的满意、群众的富裕、职工的好心情汇成了一股强大的思想动力，促进了景区各项事业的健康发展。

六、用心服务：细微之处彰显品质

每一位参观过鸡冠洞的领导和游客都会夸赞鸡冠洞景区规范化、人性化、个性化的旅游服务，“金牌服务”已经成了鸡冠洞景区的招牌。栾川县委副书记宗玉红赞道，“鸡冠洞的员工从心开始，始终把微笑挂在脸上，始终‘把游客需要当作第一选择，把游客安全当作第一目标，把游客感动当作第一追求’，塑造了‘规范化、个性化、人性化’的鸡冠洞服务特色，实实在在地在依靠科学管理和规范服务为鸡冠洞品牌铸魂”。

把服务这份“虚”的工作做“实”确实有难度，但鸡冠洞数十年磨一剑，真实打造出了自己坚硬的“软实力”。景区旅游接待工作有条不紊地进行：票务中心的售票员坐姿端庄，每当见到游客就致以甜美的微笑和问候。在有轨缆车站台上，乘务人员有序安排游客乘车，并不时地提醒大家注意安全。在溶洞进口，导游员正绘声绘色地讲解地质奇观……

图4-43 鸡冠洞游客服务中心

走进鸡冠洞景区，这里的多语种标识牌与风景相得益彰；广场大屏幕不间断播放着温馨提示；游客中心内配置的手机加油站、视听系统及婴儿车、轮椅、拐杖等特殊人群服务设施一应俱全。责任区内卫生不留死角，垃圾在地面上停留时间旺季不超过3分钟，淡季不超过2分钟……

游客在鸡冠洞游玩时，看到了这样一幕：有位男游客在景区休闲区边游览边吃甘蔗，并一次次把甘蔗渣吐在地上。景区一位工作人员微笑着跟在他身后，一点点地捡起地上的甘蔗渣，放进自己的衣袋里——后来，这位游客被感动了，他收起甘蔗，不好意思地弯下了腰……①

鸡冠洞人用感动式服务，维护了景区的文明、整洁。员工们相信“在鸡冠洞，人人都是旅游形象，个个都是旅游品牌。不管是谁遇到这样的事情都会这样做”。

图 4-44 鸡冠洞优美干净的环境

①孟璐璐.从心开始服务提升塑品牌——鸡冠洞景区开放二十周年综述之三[EB/OL].河南省旅游局信息中心，http://www.hnta.cn/Gov/zwzx/jq./6376420959.shtml. 2013-04-27.

郝鹏飞是鸡冠洞景区的一名普通的导游员。有一天，她在景区值班，快下班时，一位济南游客、73岁的王先生只身一人来到景区，要求进洞游览。按照规定，老人是享受免票政策的。但郝鹏飞依然热情地接待了他，为他耐心细致地讲解，陪他游完了溶洞全程。鸡冠洞的服务总是带给人惊喜。景区员工张建国、郝鹏飞因此获得了洛阳市“五一劳动奖章”，也成了鸡冠洞人的骄傲。

鸡冠洞景区水电工张保成在巡查水路时在景区游览步道旁捡到一个装有5600元现金的手提包，急忙上交，以便尽快寻找失主。20年来，景区帮助游客找回失物1300余件、价值90余万元，寻找走失、救助遇险游客500余人次，游客的感谢语写满了30多本记录簿。

从“不让一位游客在景区受委屈”，到“人人都是旅游环境”，再到“感动每一位游客”，鸡冠洞景区的员工用一言一行，诠释着这里最美好的形象、最贴心的服务、最温暖的感动。在鸡冠洞，细微之处彰显着服务品质，标准化管理让人备感温馨。对形象品牌的孜孜以求和不断完善，使鸡冠洞的核心竞争力和景区吸引力日益增强，知名度、美誉度大大提升。游客接待量以30%~35%的速度逐年递增，2012年，景区年接待游客65万人次，门票收入超过3100万元。

图4-45 鸡冠洞全景

第五章　社区——社区参与，分享旅游红利

社区旅游发展中的公众参与对于旅游的可持续发展、社区利益的统一以及社区经济的增长是十分重要的。1997年6月，世界旅游组织、世界旅游理事会与地球理事会联合颁布了《关于旅游业的21世纪议程》，明确提出可持续发展的旅游业必须把居民作为关怀对象，保证居民参与旅游开发决策，享受旅游发展带来的益处，把居民参与当作旅游发展过程中的一项重要内容和不可缺少的环节。

图5-1　龙峪湾秋天风光

第一节　社区参与旅游发展模式

国内外的旅游开发实践表明，社区参与不仅可以为游客提供更真实的旅游体验，而且可以调动社区居民的参与积极性，促进社区经济的发展，维护社区居民的主体利益，保护社区的环境和当地社会文化资源。旅游开发要重视社区参与的作用，因为居民实际上是旅游产品的主要组成部分，社区参与旅游有助于增进政策制定者和公众之间的交流。让受到旅游开发影响的个人或团体参与到旅游开发规划中去，可以争取他们对旅游规划的支持，增强他们对规划者、政府以及旅游经营商的信任与信心，是实现社区旅游与社区环境良性互动的良策。[①]

国内外社区参与旅游发展的典型模式主要有以下几种：①自负盈亏的参与模式，以社区居民家庭为基本单位，单独分散式经营；②家族式参与模式，以社区内姓氏为基本单位，集资经营，但该经营模式管理较混乱；③投资商与社区合作模式，该模式抛开政府的监督和制约，采取民企合作的股份制开发；④政府主导下的民企合作模式，该模式在政府的监管下，企业与社区合作发展旅游；⑤政府主导下的旅游企业独立运营模式，该模式所暴露出的弊端极多，多用于旅游资源较集中，社区规模小的旅游景区；⑥政府与社区联合开发模式；⑦政府投资、政府主导的公有开发模式，该模式下旅游投入巨大，社区居民参与旅游发展的制约因素较多。

我国的社区参与旅游发展模式大多属于政府主导型，而且缺乏科学的规划和决策程序，不可避免地导致模式风险增大，效果不明显，难以满足社区

①曾艳. 国内外社区参与旅游发展模式比较研究[D]. 厦门大学硕士学位论文，2007(4).

居民参与的要求。因而，政府、企业、社区等利益相关方都在积极探索社区参与旅游发展的新模式，各个旅游景区也都在结合自身情况，寻找适合自身发展的更好的社区参与模式。

栾川在发展旅游过程中，乡村旅游占有很大一部分，社区居民参与程度自然也是非常高的，栾川已有的社区参与旅游发展模式主要包括景区社区合作模式、景区社区分工模式、政府建设社区租赁模式及其他参与模式。

第二节　栾川县内社区参与旅游发展模式

栾川在旅游发展过程中，社区参与力度较大，社区参与旅游发展做得较好，代表性社区参与发展模式主要有景区和社区合作模式，景区和社区分工模式，政府建设、社区租赁模式以及其他社区参与模式等。

一、景区和社区合作模式

这种模式以景区雄厚的资金、优良的旅游资源为基础，以社区丰富的劳

图5-2　组织旅游经营者参加微信营销培训

动力为依托，景区对旅游资源进行包装和促销，吸引游客，景区人员可能会对社区居民进行培训，提高居民的参与能力，规范居民的参与方式，从而使景区和社区做到融洽合作，互利共赢。

伏牛山滑雪场社区

伏牛山滑雪场在发展过程中，从旅游开发到旅游接待，与周围社区居民的互动合作行为甚多，均属于景区和社区合作的发展模式。

伏牛山滑雪场在前期发展过程中，栾川政府功不可没。现任洛阳市旅游发展委员会副主任的孙小峰告诉我们，当时栾川山水相间，风景秀丽，老君山、鸡冠洞、养子沟、倒回沟等景区魅力无穷，气候环境舒适，尤其是夏季，来栾川观光休闲的人很多，但到了冬季，栾川的气温很低，树木凋零，山上一片萧条，游客所来无几。因而，政府成员一直在苦苦思索如何解决这个难题，如何在冬季吸引客人来栾川？如何在冬季也为栾川农民创造一定收益？后来政府班子成员通过考察和洽谈，招徕投资商进行开发。政府负责伏牛山滑雪场的配套设施建设，景区负责滑雪场内部的开发运营，可见栾川政府的魄力非同一般。政府调动农业局、林业局、发改委等一起参与，负责办理各种手续，石庙乡负责修建进山的道路，为滑雪场的正常运营打好基础。

在项目开发建设过程中，景区和社区实施了很好的合作。景区对空间布局和土地利用进行了科学规划，景区领导通过跟村民合作洽谈，实施了对当地居民的整体搬迁工程，居民住上了楼房，减少了住房用地，从而使滑雪场有了更大的旅游发展空间；而且当地居民依赖滑雪场发展带来的客源，可以发展旅游餐饮住宿接待服务，增加收入，提升生活品质，景区、社区合作发展，共谋进退。

伏牛山滑雪场散发着一种团结合作、开拓创新、活力向上的企业文化。2010年7月24日，栾川遭受特大山洪，这件事的处理，体现了滑雪场景区全体上下不畏艰难、团结一心、共渡难关的精神品质。山洪使伏牛山滑雪场直接经济损失达8000万元，18公里进山公路被毁，损失达1500万元。景区里面的山体不停掉石头，大水裹着石块、线杆等急速而过，伏牛山滑雪场空旷的雪道，更是遭遇了灭顶之灾，面目全非。企业领导放弃对景区设施的及时抢险，先保证人员安全，将游客和员工的生命安全放在第一位，并积极搜罗饮食提供给大家，保证满足游客的基本需要，让游客备感温暖。

景区和社区合作发展模式为滑雪场的经营打下了坚实的基础，随着旅游的发展，景区、社区关系将会越来越密切，景区负责吸引游客，社区负责接待游客，我们有理由相信滑雪场会发展得越来越好，带动一方百姓发家致富。

二、景区和社区分工模式

这种模式以景区为依托、以社区为基础，景区和社区谋求旅游业的共同发展。其中,景区负责提升知名度、招徕游客；社区居民负责旅游接待等具体事宜，两者承担不同的义务分工，并无目的明确的资金、运营方面的合作，而只是在发展过程中由于顾客需要，客观性地形成了这一分工模式。

（一）龙峪湾社区

龙峪湾和石庙镇农家乐的发展形成了很好的景区和社区分工关系。龙峪湾知名度较高，主要起着招徕游客的作用，石庙镇的居民则负责接待游客，两者并非刻意合作，而是自然而然地形成了这种分工关系。

图5-3 优美的栾川自然风光——龙峪湾鸡角尖

龙峪湾有“地质奇观，森林氧吧”之称，游人络绎不绝，龙峪湾有四绝——“峰”、“林”、“水”、“云”，令人目不暇接，美不胜收。龙峪湾的历史可以追溯到1956年，从那时起开始属于国家林场管辖，1993年龙峪湾率先开始发展森林旅游，1997年龙峪湾被评为“国家级自然保护区”、“国家森林公园”，2002年被评为县内第一批国家4A级旅游景区。2004年之前，龙峪湾凭借之前的国有企业体制，各部门齐全，分工合作，自负盈亏，做市场开发非常有优势，品牌宣传很到位，因而在栾川县内第一批被评为国家4A级旅游景区。

自然而然，龙峪湾吸引来的游客越来越多，然而龙峪湾并没有很多供游客住宿餐饮的地方。这时，石庙镇居民的作用就凸显了，分工模式自然形成。石庙镇的居民为游客提供食宿，免除景区后顾之忧，老百姓也因此脱贫致富。更出人意料的是，石庙镇在景观环境打造方面，格调雅致，风格清新，有“欧洲小镇”的感觉。一幢幢的白色小别墅，被片片花草地包围，有成片的美人尖、玫瑰、薰衣草等瑰丽花海，又有层层葱翠的山林环绕，还有农民自家耕种的小院，如一幅美丽却又不失创意的油画铺展在眼前，让人陶

图5-4 栾川石庙镇一景

醉其中，不忍离去。在这样的环境中，品农家生态美味，赏屋前花团锦簇，宛若置身世外桃源。因而可以说石庙镇在社区参与旅游发展方面做得非常好，既可以提供田间美味，自己本身又可成为旅游吸引物，使当地的旅游要素丰富而全面。

龙峪湾景区和石庙镇居民形成了很好的分工和利益分配关系，景区追求核心功能的开发，石庙镇居民负责食宿的提供，两者分工配套，协调发展。龙峪湾核心区面积44平方公里，石庙镇面积6万亩，形成了中心区和餐饮住宿区分工打造，景区和社区分工的社区参与旅游发展模式。目前，龙峪湾在政府的积极推动下，正在与第三方民营企业洽谈，准备融入民营资本，盘活现有资源，丰富旅游产品的种类，提升现有旅游产品的水平，打造山地旅游度假区，使现有的景区和社区分工模式要素内容更加丰富，让我们拭目以待龙峪湾更好的明天。

图5-5　栾川石庙镇薰衣草庄园

（二）养子沟社区

养子沟和周围社区同样形成了典型的景区和社区分工模式。养子沟景区吸引客源，周围社区接待客源，两者合理分工，共同成长。

养子沟景区美不胜收，而且文化气息浓厚。养子沟是国家4A级旅游景区，因唐朝巾帼英雄樊梨花在此安营扎寨、养子、教子而得名。景区气候凉爽，植被茂盛，已开发“田园风光、老龙潭、梨花寨、石板河、百花谷、三清殿”六大功能景区，石塔、仙蛙石、秋千园、大佛山、慈母泉等90多个景点；而且养子沟“养子”这一词语，包含了对下一代子女浓浓的关怀爱护，子女自然而然也应该对父母长辈孝顺，因而养子沟适宜开发文化教育、生态探险、休闲观光度假等旅游业态。

图5-6 环境宜人的栾川自然条件——养子沟景区

游客欣赏完景区风光，要感受淳朴自然民风，可以选择住农家院、吃农家饭。养子沟周围社区现拥有130多家农家宾馆，5226张床位，游客可根据需求任意选定。在农家宾馆，游客可以放心地吃到农家自种自采的无公害蔬菜，还可以吃到回味无穷的山果野菜、地道的土鸡等美味，大饱口福。从而，养子沟景区与周边的农户顺其自然地一起合作，共同为游客服务。养子沟的美景吸引了前来休闲观光的游客，为农户食宿业的发展带来了客源，农户提供的绿色的农家饭菜补充了景区所不能提供的要素，两者形成了良性的利益分配共生关系。

2010年7月24日，栾川遭遇了百年不遇的洪水灾害，对养子沟也造成了不小的影响，灾后，景区全体干部群众齐心协力，加大灾后重建力度，在硬件建设上、景区品质提高上，又上了一个新台阶，2011年3月，一个崭新的养子沟再度与游人见面。

通过这次灾后重建我们看到，在遇到困难时，景区、社区齐心协力，共渡难关，在现实旅游发展中各司其职，做好自己该做的事，努力实现双方的共赢。

图5-7 养子沟秋色

三、政府建设、社区租赁模式

这种模式以政府为主导，社区居民参与旅游决策、规划及管理等各项事务。使社区居民充分参与到旅游业的发展中来，并充分参与因旅游发展而带来的利益分配，促进社区居民经济水平的提高。

图5–8 高山渔村养殖虹鳟鱼和金鳟鱼

高山渔村

高山渔村是一种典型的政府建设、社区租赁模式，项目引进的思路和想法是政府提出的，项目建设是由政府来策划、规划和实施的，在项目经营过程中，社区居民可以租赁经营，也可受雇于其中，成为一名员工。

高山渔村是栾川旅游业发展过程中出现的一种旅游新业态，自2013年以来，狮子庙镇政府立足境内地势高、溪流丰富，水量充沛、无污染的资源优势，依托该镇瓮峪村已试验养殖成功的鳟鱼养殖技术，在朱家村全力打造了这样一个集风情乡村、休闲餐饮和垂钓为一体的高档休闲产业示范区。

渔村养鱼的水取自山上，顺流而下，一气呵成，引水浇灌鱼塘，喂养虹鳟鱼和金鳟鱼，并在其中布局亭台楼榭、风车步道，格调清新雅致，真可谓是一场鱼的视觉、味觉盛宴！在项目实施过程中，累计投资5800万元，改造

图5-9 高山渔村酒家

徽派风格民居136户，建成生态鱼塘18个，投放鳟鱼鱼苗9万余尾，收获成品鱼1万余条，建有500余平方米中心鱼庄一座。配套进行农家宾馆、停车场、廊厅、旅游标识牌及水上乐园等建设项目，同时进行绿化、通道亮化等美化工作，高山渔村给人一种高端和专业的感觉。

在高山渔村建设过程中，政府班子成员到外地考察学习，对农居外观风格、高度规格实行统一规划限定，豫西风格的民居建筑能保留的尽量保留，同时引入徽派建筑风格；而且从思想上对农户进行积极引导，让他们认识到发展旅游所带来的经济效益、社会效益和文化效益，从而更积极、有效地参与到旅游服务接待过程中。随着高山渔村名气的扩大，更多的人前来休闲观光旅游，农户的参与会变得更加不可或缺，农民通过旅游接待创业致富指日可待，政府建设、社区租赁模式的社区参与旅游发展模式会更显成效。

图5-10 高山渔村

四、其他社区参与模式

栾川社区参与旅游发展的模式当然不仅仅限于上述三种，还存在其他的社区参与模式，如自负盈亏的个体参与模式等。

依托于县域旅游消费者发展起来的“南沟一条沟农家乐”，供游客吃农家饭菜，感受田园风情，周末或假期在这里娱乐休闲。这些县城周边的农家乐可能并没有特别出众的旅游资源，最初只是为了满足城市居民放松心情、寻找郊外风光的闲适需求，一家人独立经营，为游客提供农家特色食宿，忙时可能请亲戚朋友帮帮忙，自负盈亏。

知青农家乐这类的社区旅游参与者，属于自负盈亏的“个体农庄”模式。经营场所在自家住宅的基础上，进行扩建而成，场地开阔，建筑成三层，设施齐全，风格清新，提供项目集住宿、饮食、娱乐于一体，功能多元，住宿条件较一般农家乐好一些，饮食也有自己的风格。家庭成员主要负责投资、管理和经营，具体的服务接待则主要由外来服务人员负责，服务人员很多是由周边的村民招募而来的。知青农家乐常有当年下乡知青在此聚会，而这些人很有可能是“回头客”，隔一段时间就会再次聚会，可见这种农家乐还是很受周边客源欢迎的。

图5-11 栾川美食也是吸引游客前来的法宝

这种模式中农户以社区内居民家庭为单位，将自家的鱼塘、茶园、住宅等建设成为旅游项目，从而吸引游客前来观光游玩。家庭成员主要从事旅游规划决策及旅游管理实务，旅游接待等服务则通过吸纳周边社区来从事，该模式适用于旅游发展的初期，带动作用较强。若其他农户看到这样经营有利可图，必然会纷纷效仿，从而提高其他农户参与旅游服务接待的积极性，形成一片农家乐区域，竞争又会产生品质、分工和多样性，带动乡村旅游整体水平的发展和提升。

第三节 社区参与旅游发展模式的未来方向

栾川的社区参与还不够成熟，参与的深度和广度还较低，但是由于当地旅游业相对发达，居民们初步认识到旅游业可以为他们带来经济收益，因此有比较高的参与积极性。但是由于受传统管理机制的束缚，居民的民主参与意识仍然较为薄弱，即使愿意主动参与到旅游业的发展中，也很少通过民主的方式向管理部门提出自己对旅游发展的建议，只是简单地配合管理部门的发展规划来参与。

居民的参与范围不够宽广，基本上只停留在旅游就业和从事旅游经营活动上，而在参与决策、参与监督管理上很少体现。因而，在未来的社区参与中，栾川应朝以下几个方向努力：

一、社区居民的广泛参与和相关者的彼此合作

社区参与高级化的标志是社区居民的广泛参与和彼此合作。社区旅游在发展过程中，必须根据当地的实际情况，让居民享有旅游开发的决策权，并参与经营管理。只有旅游发展涉及的所有社区居民都参与到旅游发展中，并且各相关者广泛合作，才能达到社区旅游的可持续发展。

社区旅游开发在规划阶段就要调动居民的参与积极性，听取当地居民的意见，让他们了解规划的内容及进展情况。要保证社区居民及其代表机构成为规划的主体，如SPARC旅游规划从社区的评估、规划、推动到监督都涉及当地居民，社区在目标的制定中起着重要作用，政府的想法和专家意见只作为参考。这样的旅游规划反映了社区的愿望和要求，提高了居民对旅游开发的支持率。同时社区旅游的经营和管理也要重视社区的力量，让当地人参与其中。在大众旅游中，通常只有少数居民能从旅游开发中得到实惠，大多数人只能感受到旅游发展所带来的社会成本的上升，因此，让居民全面深入地参与旅游业的经营和管理，保护居民的利益不受外来企业的垄断，真正从旅

游发展中获得收益，提高社区居民的收入水平和生活质量，只有这样才能争取到居民广泛的支持。

二、注重非政府部门的整体协调性

非政府部门，即社区参与的第三方组织，它在社区参与中充当着协调者的角色。一个社区的旅游规划如果全部由政府部门决策，就不能很好地照顾到社区的利益，社区居民的意愿也无法得到体现，这样的旅游规划难以得到社区的支持，因此很难达到预期的效果，甚至会产生很多复杂的问题。反之，如果全部根据社区居民的意愿进行旅游规划，缺乏政府的统一指导和专家意见，规划就会显得零散且不专业，也很难达到规划的目的。

非政府部门在规划的过程中作为第三方力量，起到了沟通、协调的作用。因为非政府部门不是社区旅游开发的主要利益方，它可以客观地融合政府和社区的意见，兼顾两者的利益，在规划的制定和实施过程中作为两者沟通的桥梁，并使最终的利益分配客观、公正。非政府部门在国外的社区参与模式中是一个很重要的参与方，在栾川以及我国其他旅游景区的社区参与旅游发展过程中，也应注重强调非政府部门的整体协调性。

三、建立合理的利益分配机制

旅游发展给社区带来的最直接的经济影响就是创造了更多的商业收益、就业机会和政府税收。而居民的就业和收入的提高则最直接地体现了旅游对社区居民的影响，是社区参与程度的重要标志。因为如果居民分享不到旅游带来的经济利益，居民的参与积极性就会受挫，会抵制甚至破坏旅游业的发展，居民参与就得不到积极的体现。国外社区多是通过让居民持有经营公司的股权来分享收益，同时在就业上优先安排当地居民就业，或扶持小的业主从事旅游经营活动，统一经营，并让居民持有经营公司股权的方式很值得我国借鉴，因为居民持有股份不仅能使居民平等地分享经济收益，还能让居民以主人翁的姿态积极参与到旅游发展中，对旅游业的发展有很大的帮助。南澎布鲁克位于威尔士西南半岛上，作为非政府组织引导发展乡村旅游的成功模式，有很多可以借鉴之处，尤其是在利益分享机制方面，规划者除了让旅游为社区带来持续的经济收益外，还设法使更多居民得到经济收益。他们巧妙地设计旅游线路和旅游方式，使更多游客到达内地农村，旅游收益于是在整个社区扩散。[①]

四、注重旅游业的可持续发展

为了旅游而发展旅游，往往使社区片面地注重旅游发展带来的经济利益而忽视了生态环境、社会环境、人文环境的保护，导致环境破坏、噪声、拥挤等问题。

这些问题的出现反过来又会影响旅游的后续发展，只有维持环境的可持续再生能力，旅游业的发展才有资源可以依托；只有当地居民的生活没有因为旅游业的发展而受到不良影响，居民才会支持旅游业的发展并积极参与其中。国外社区普遍意识到环境保护与旅游业发展是相辅相成的，他们在发展旅游业的同时也注重环境保护，从旅游规划之初就坚持走可持续发展之路。国外社区注重对环境的保护、遗址的保存，尊重当地的文化习俗，同时合理地控制游客量，通过各种方式分散游客，这样不仅能保障居民正常的生活秩序，还能减轻环境压力，既争取了居民对发展旅游的支持力度，又保护了生态环境，使旅游业能够持续、健康地发展。

社区参与旅游发展的模式是一个动态的、开放性的结构，要在不同的发展时期，随着理论和实践的发展，对栾川乃至我国的社区参与旅游发展模式进行进一步的发展和完善。

①曾艳. 国内外社区参与旅游发展模式比较研究[D]. 厦门大学硕士学位论文，2007(4).

第六章　乡村——重渡沟的涅槃

重渡沟位于洛阳市西南118公里的栾川县东北部，因传说东汉光武帝二渡伊水至此而得名。全村共有376户人家，总面积30平方公里。重渡沟分南沟和西沟两大区域，南沟飞瀑流泉，水韵万千；西沟秀竹茂林，曲径通幽。重渡沟的一绝便是水：上百个泉眼数百股泉水从地壳深处喷涌而出，汇成了亿万年源源不断的兰溪清流。瀑布成群潭成串，林密石怪传说奇。重渡沟的另一绝便是竹。据考察，如此大规模的野生竹林在地球上同纬度地区是绝无仅有的。来到重渡沟，仿佛置身于绿波之中，原始森林遮天蔽日，森林覆盖率高达95%以上。每年发笋季节，即可看到遍地紫色的竹笋破土而出。[①]

图6-1　旅游开发前的重渡沟村

①洛阳重渡沟旅游网，http://www.chongdugoulvyou.cn/jianjie.htm，2009-01-02.

然而，山清水秀的居住环境也不能解决当地老百姓拮据的生活问题。由于大山环绕，交通极为不便，重渡沟曾经是远近闻名的贫困村，20世纪90年代末，村民人均收入不到500元，是著名的“六多”村：失学儿童多，光棍汉多，赊欠贷款多，聚众赌博多，酗酒滋事多，进教堂多。直到1999年，栾川县委、县政府提出依靠山水资源发展旅游，动员重渡沟农民经营农家宾馆，村民的生活才有了起色。

图6-2 重渡沟村民以前住的老房子

第一节　曲折的发展之路

重渡沟的村民，祖祖辈辈居住在大山之中，早已习惯了靠天吃饭，突然之间要他们改变世代相传的生活方式，变农为商来发展旅游，大多数人感到不可思议、难以接受。村民们对旅游开发的强烈反对、交通等基础设施的极度匮乏、财政支持的严重不足，为旅游发展造成了巨大的阻碍。然而，重渡沟旅游开发的先驱者们，硬是顶着重重压力，带领重渡沟人民转变观念、脱贫致富，走出了一条曲折但坚实的发展之路。

一、转变观念艰难起步

1997年前后，随着旅游业的逐渐兴起，栾川县政府领导决定充分利用重渡沟得天独厚的自然资源发展旅游业。1998 年 3 月，由潭头镇党委、政府组建的潭州旅游开发有限公司宣告成立，潭头镇党委书记孙小峰和潭头镇旅游开发公司经理马海明、任献国组成“铁三角”，带领为数不多的几位员工在山沟里日夜奔波。

图6–3　“铁三角”拓荒重渡沟（右四孙小峰、右三马海明、右二任献国）

工作伊始，困难重重，最大的难题莫过于资金匮乏——修路和景区改造都需要大量资金，镇里财力有限，四处“化缘”成了当时筹资的唯一手段。镇里成立资金筹集小组，孙小锋等镇领导带领大家组织精兵强将跑县城、赴洛阳、上郑州，争取相关单位和部门的支持。费尽千辛万苦，终于“化”得数万元资金，用来购买炸药等修路的物资。而回到村里，工作组还要面对来自群众思想上的阻力。村民们祖祖辈辈守着这大山，虽然仅靠卖竹子和编竹器勉强为生，但是，要说毁掉麦场为景区修路，把竹林改造成风光长廊，把祖辈们聊以为生的生计顷刻间折腾得面目全非，更别说是从落地就觉得世界只有大山这么大的村民们了，就是生活在县城里对旅游有些微概念的人们来说，恐怕在短时间内也是难以接受的。因此，有村民就死守着“江山”，百般阻挠。景区领导和工作人员不气馁，挨家挨户做工作，白天没说动，晚上接着说，耐心详细地把修路带来的好处说到了每户村民的心坎上，终于，皇天不负有心人，村民们还是被他们的执着和真诚给打动了，不仅同意让地，还自发地义务为景区修路。虽然当时的条件十分艰苦，但景区领导和修路民工秉承着同一个信念，不怕艰辛、不畏苦，饿了，就啃口冷馍；渴了，就喝口山泉；累了，就地躺在石头上眯会儿……为的只是尽快为这座大山系上一条开启美好明天的“福带”。

众志成城，1998年冬季，景区的路终于基本竣工，景区建设也初具规模，在1999年的7月10日能够开门迎客了。可是，艰辛地奋斗过后，并不预示着就会一帆风顺，总是一波刚平，一波又起，路是通了，但远道而来的游客住在哪儿？吃在哪儿？这样下去，终归不是长久之计。而如今，迫在眉睫的是怎样才能解决游客游玩之后的吃住问题，怎样才能留住游客？若是自建宾馆吧，没钱；引资修建吧，却无人投资。就这样，又一座大山压得镇领导们喘不过气来，日思夜想，绞尽脑汁，一次又一次地开会讨论，广纳良计。终于，能不能把村民的房子改造成宾馆呢？可谓是一个大胆的尝试，若是成功，不仅可以解决游客的食宿问题，而且，还能使老百姓赚到钱，又形成了重渡沟景区的一大特色，所谓是一举三得啊！但想法毕竟是想法，与现实终归是千里之遥！这一举措更是关系着村民们的切身利益，如何才能过村民这一关呢？尤其是当听到村民们的这一声声质疑：“重渡沟搞旅游开发？咱这小地方，谁会来咱这里旅游？”“城里那么多的高楼大厦不住，来咱家里住这土炕？”镇领导们又有哪一位不是备感身负千斤重担？可是，方法好不好，只有试了才知道：设想能不能化为现实，只有做了才揭晓。镇党委、政府为转变群众观念一边大张旗鼓地举办学习班、召开会议等反复宣讲发展旅游的好处，普及群众的旅游基本知识；另外组织部分干部与群众到知名旅游区实地考察学习，并动员村干部带头参与旅游开发，逐步打消群众顾虑。一番工作做下来，民居改宾馆的想法村民们终于能接受了，可是，钱？又成为了一个问题，山里人本来就穷，民居改宾馆需要一大笔费用，谁来出？即使改成了宾馆，万一没人住，赔钱谁来担？为了打消村民们的顾虑，景区工作人员决定采取和农户“一帮一带”的办法，工作人员为村民提供资金、提供床铺，村民只需提供房子，通过物质刺激的办法来促使村民愿意发展农家宾馆。在工作人员的悉心劝导下，有八户村民率先结成了对子，在南景区菩提树下搞起了示范点。另外，为了加快老房子改造工程，工作人员甚至“编起了善意的谎言”：7月1日快到了，广而告之村民们说，洛阳大厂矿党员“七一”要来重渡沟住农家院，过党的生活；8月1日快到了，又大肆宣扬说，洛阳军分区军人要在“八一”来重渡沟住农家院，体验生活，以此来提高村民们改造房屋的积极性。

终于，千辛万苦改造的几家宾馆开门营业了。让老百姓出乎意料的是，大家见惯不怪的其貌不扬的这几间泥巴房竟然迎来了城里人的热捧，游客爆满，而且一住就是好几天。尝到了民居改宾馆的甜头后，老百姓也由最开始的消极抵制变为积极配合了。但是，当老百姓在禁不住为第一个“黄金周”赚得盆满钵满而喜悦时，镇领导们却犯愁了，眼看着各家五颜六色的被子、参差不齐的房价，有的宾馆为了多招徕客人，一个房间竟然放了10个铺位等，这些问题怎么解决？为了更好地管理农家宾馆，寻找解决问题的办法，政府和景区领导们特意跑到当时农家乐发展比较早的山西省磨滩“取经”。他们发现，磨滩虽然没有什么旅游景点，但是凭借体验农家生活这一卖点居然吸引了大批游客，这更增强了他们好好开发重渡沟农家乐的决心，重渡沟本身就有丰富的旅游资源，再加上农家生活体验活动，赶超磨滩的时日更是指日可待啊！另外，在这次考察的过程中，他们还发现了磨滩农家乐也有一些尚待改进的地方，诸如房间的价格参差不齐、床单不经常换洗、厨房、卫生间不够干净，餐饮不够卫生等。回到重渡沟，他们就立即着手对农家乐进行改造，争取实现“和城里人保持零距离”，规定各家厨房里的锅碗瓢盆要清洗得干干净净，卫生间要贴上白瓷砖，床单要洗得洁白如新，并做到一客一换，不许私自提升价格等，从管理上解决了农家乐不规范的问题。

图6-4 整改之后的重渡沟农家乐

民居改宾馆后，村民们也乘旅游大风，各家赚得腰包越来越鼓。住惯了自家土坯房的他们也开始畅想着体验一把城里的平顶小洋楼。于是乎，村里就有不少村民纷纷把自家老房子拆掉意欲盖成小洋楼。还好景区工作人员及时发现制止了，但是，终归是治标不治本，阻止不了富裕起来的村民们对更好更舒适的追求。因此镇领导与景区工作人员们开始向规划专家咨询请教，聘请专家为景区设计了专门的农家宾馆建设方案。方案是出炉了，但是建起来花钱又耗时，村民们十分不情愿。可是，从长远利益考虑，这个方案若真能化为现实，无论是对景区来说，还是对当地村民来说都是一劳永逸的好事。因此，景区工作人员再次开始了新一轮挨家挨户的劝说。并根据专家所提出的三条建房原则："宜土不宜洋，宜小不宜大，宜藏不宜露"，景区还相应地提出了建设管理的三统一："统一外观风格，统一内部装修，统一房间配置。"一方面，积极组建民建管理检查大队，对民建工作进行管理；另一方面，还积极组织村民到外边参观学习其他地区农家乐建设经验。另外，为保证统一效果，景区统一协调扶贫款、贷款，统一办理手续，统一采购物品，统一配发物品等。

宾馆成，游客到。但为了争夺客源，各个宾馆之间很快出现了竞相降价的恶性竞争现象，纷争不断。为避免村民们利益流失以及村民和村民之间，村民和游客之间出现价格纷争，同时也为了给游客提供良好宽松的入住环境，增强游客的安全感，景区还创造性地提出了“统一接待、统一设施、统一价格、统一结算”的接待管理“四统一”，从而创立了“公司+农户”的重渡沟农家宾馆经营管理运作新模式，并初步奠定了重渡沟在旅游界的名声与地位。

图6–5 重渡沟农家乐统一管理宣传标语

二、成功改制，“六多”变“六有”

从2002年起，重渡沟的旅游进入了快速发展阶段，游客大量涌入，农家宾馆规模迅速扩大，不仅拉动了社会就业，也带动了当地农民脱贫致富，经济效益和社会效益都十分明显。旅游业确实给大山深处的农民找到了打开致富之门的“金钥匙”。

然而，体制决定命运。2004年以前的重渡沟景区只是一个乡镇企业，资金投入后劲不足逐渐成为制约景区发展的瓶颈。在这种情况下，栾川县委、县政府从旅游发展大局出发，于2004年8月10日顺利完成对重渡沟景区的改制，成为一个独立法人的私营股份制企业，实现了资本的重组。近十年来景区累计投入基本建设、娱乐项目开发、促销宣传、农家宾馆升级改造和支持社会公益事业等资金6亿多元，使重渡沟风景区发生了翻天覆地的变化。目前，重渡沟风景区已经成为集休闲度假、娱乐观光、餐饮购物为一体的全国乡村旅游样板。

改制改出了大发展，改出了知名度，让重渡沟乡村旅游又掘到了“一桶金”。重渡沟村在开发旅游前的“六多”——失学儿童多，光棍汉多，赊欠贷款多，聚众赌博多，酗酒滋事多，进教堂多，已经变成了“六有”——家家有宾馆，家家有经理，家家有电话，家家有名片，家家有雇工，家家有存款。重渡沟的家庭妇女虽然还在围着自己家的三尺锅台，但却实现了由自给自足的小农经济向商品经济的跨越。经济发展带来了各种条件的优化和改善，重渡沟村也出现了人口“返流”现象，嫁出去的女人带着老公、孩子又回来了，迁出去的带着家人也回来了，在外工作的也回来了。

这段时间里，重渡沟旅游火爆现象也引起了各级领导和媒体的高度重视和极大关注：2001年《人民日报》在头版中心位置以《旅游带富贫困村》为题，图文并茂地报道了重渡沟的农家新气象。一时间，各级政府官员争相考察，各级媒体争相报道，各地同行业者争相学习，中央电视台2002年到重渡沟作过三次采访，并在中央电视台二频道的“金点子”栏目做专题节目。特别是“中国旅游第一人”——国家旅游局计划财务司原司长魏小安先生命名重渡沟为“中国农家宾馆第一村”。[①] 重渡沟农家宾馆在规模、档次、管理规范程度、拉动社会

图6-6　旅游专家魏小安来栾川旅游考察、讲话

①栾川重渡沟［OL］.河南旅游政务网，http://www.hnta.cn/bcwhzl/mlxc/luoyang/479220.shtml，2010-02-08.

就业、带动农民脱贫致富五个方面中国第一，全国各地的旅游界同人，几年间组织几百次参观考察活动，使重渡沟获得了新闻聚焦效应、政治聚焦效应和蜂鸣营销效应。

三、转型提升创4A

在知名度取得重大突破之际，重渡沟也不忘进行自我“修炼”和提升，不断顺应旅游市场的发展趋势和游客的新需求，及时调整发展战略，规范景区管理标准，并通过创建国家4A级旅游景区，对景区的各项基础设施和服务进行提升，进一步巩固了景区多年的发展成果，为栾川的旅游形象添加了亮丽的一笔。

（一）休闲游——把握时代脉搏

2005年以来，重渡沟景区影响力越来越大，市场开发圈也越来越大，游客层次呈现出日益高端化的趋势。同时，随着国民收入的提高，人们闲暇时间的增加，私家车的增多，交通条件的改善，休闲度假成为人们开始追求的旅游新时尚。重渡沟景区及时、准确把握时代脉搏，把发展战略调整为“创名声，增效益，树品牌”，把景区开发理念调整为“绿色休闲会所，生态快乐车间，自然健康家园”，开始主打休闲旅游宣传来迎合游客的新需求。

图6-7　北国水乡重渡沟

（二）评星级——规范管理标准化

为了指导和规范农家宾馆的建设和管理，栾川县旅游工作委员会提出了农家宾馆的“四化”原则：建筑风格古朴化，外部环境田园化，内部设施现代化，服务管理星级化。为了使重渡沟的农家宾馆能够“百尺竿头，更进一步”，名副其实地走在全省的前列，无愧于“中国农家宾馆第一村”的光荣称号，景区积极配合旅工委的政策，率先制定农家宾馆星级标准并进行试点评定，着重抓重渡沟农家宾馆的创星工作，制定了农家宾馆普通间改标准间的计划。为提高农家宾馆的档次，提高服务质量，景区花费了大量人力、物力、财力树立榜样，培养示范户。经过几个月的努力，创星工作取得了一定成效，共创32家星级农家宾馆，占全县的2/3，也实现了部分农家宾馆的成功转型，如对于杏花园农家宾馆，景区帮助6户搬迁村民垫付资金160余万元，帮助他们对民居进行设计、建设，帮助他们经营管理。经过几年的“以管代培”，杏花园产生了良好的经济效益，在农家宾馆中具有了一定的影响力和美誉度，形成了整套成型的管理经验，景区也创出了一条“以管代培”的路子。①

图6-8　今日重渡沟漂亮的农家宾馆

①重渡沟农家宾馆发展三步曲[OL]．河南旅游网，http://www.uhenan.com/travel/cdg/xinwen-2660.htm，2009-07-15.

（三）创4A——栾川旅游名片

2006年1月17日，从国家旅游局工作会议上传来一个好消息：洛阳栾川重渡沟风景区通过国家旅游局严格评定，已被正式批准为国家4A级旅游景区！听闻这个喜讯，重渡沟的老百姓和景区工作人员都欢欣鼓舞。为了创建4A级旅游景区，重渡沟的老百姓和景区工作人员都付出了很多努力。在申报4A级旅游景区之初，大家就明确了这样一条信念：创A不仅仅是为了提升景区的知名度，更是对景区自身的全面检验和提升，以创A工作为契机，全面提升景区服务及配套设施建设的档次和水平，不断提高旅游景区服务质量和品质，增强景区旅游产品的吸引力和竞争力。为了申报国家4A级旅游景区，重渡沟在提高旅游服务的同时，改造完成了游客接待中心、关公湖、四星级厕所、小吃水巷等工程，使景区的休闲度假功能锦上添花。重渡沟荣膺国家4A级旅游景区，在提高社会效益和知名度的同时也成为了新的经济增长点，成为栾川旅游的一张亮丽名片。

图6-9　重渡沟“小吃水巷”

第二节　山沟沟里的群星闪耀

重渡沟，这个隐藏在深山中的“世外桃源”，能够惊艳地展现在世人面前，得益于重渡沟开发的先驱者们无私奉献、大胆开拓和奇思妙想。他们当中，有舍小家为大家的“开山愚公”，有“金点子”接连不断的“草根英雄”，有积极响应政府号召、敢为人先的“致富能手”，当然，更多的是默默奉献、吃苦耐劳的无名英雄们。他们为我们留下了许许多多脍炙人口、至今为当地老百姓所津津乐道的故事。

一、情系重渡沟——好人马海明

他，只上了3个月的初中，之后又在县师范“当了3个月的旁听生”；可是，他却能写剧本、写小说，并被当地人称为农民旅游的“土专家”。他就是参与“栾川模式”建设、创建4A级旅游景区“重渡沟”的领军人——马海明，一个离我们而去的好人。[①]

（一）愚公精神开发穷山沟

马海明原是潭头镇文化站站长和办公室秘书。1996年4月，马海明随洛阳市体改委赴全国综合改革试点镇学习考察，参观了不少旅游景区，如乐山大佛、峨眉山、西湖等。这次考察，让他大开眼界。他想，为什么人家的景区游人那么多，收入那么高?自己家乡的重渡沟拥有数万亩的竹林、有飞瀑流泉的美丽胜景，何不开发成景区，让外地人也来咱这里旅游，让村民也能靠旅游致富?

1996年5月，马海明正式上任潭头镇旅游资源开发公司经理。他这个经理实际就是个“光杆司令”，没有办公室，没有工作人员，没有公章，没有经费。时任潭头镇党委书记、现任洛阳市旅游局副局长孙小峰回忆说：“直到1998年3月，重渡沟景区才以潭头镇政府和重渡村委两个股东，正式组建了‘栾川县潭州旅游开发有限责任公司’，但是资金状况并没有好转。”

没钱，也要建景区，没有钱印宣传画册，马海明就随身携带重渡沟的照片游走于省、市、县各大机关、各个单位，一遍遍地向人描述着重渡沟的美丽景色。无论走到哪里，他都不厌其烦地向人叙说着。有人说他疯了、调侃他是“马大煽”，但就是凭着这种“疯子精神”、凭着“马大煽”的一腔热血，马海明从市里争取了3万元旅游扶持资金，打响了开发重渡沟景区的“第一枪”。

①马海明. 情系重渡沟[M]. 上海天马图书有限公司，2003.

1999年春节，建设重渡沟的资金又没有了，正当大家为之忧虑之时，马海明背着家人用自己家的房子做抵押，从信用社贷了5万元，这才使即将停下的景区建设恢复了运转。老伴知道后，埋怨他没和她商量就做了决定，当时孩子上学的学费还没有着落。

为了使景区规划尽可能的合理，马海明一次又一次地带领大家翻山越岭勘察路线，在勘察的过程中，曾有两次险些送命。据村民宇闪明回忆，一次马海明在重渡沟考察，当吉普车行驶到一段铺着麦秸的水泥路时，吉普车的方向盘突然失灵，车就像脱缰的野马向伊河里冲去，还好水泥路上一根翘起的钢筋把车前胎扎破了，这才使车横着停在了路中间。另外一次是在马海明在重渡沟探路时，由于山上没有道路，他只有拉住树枝，拽住草叶往山上爬。但是，由于杂草湿滑，马海明一下坐在羊胡子草上，并且迅速向下滑，庆幸的是他蹬住了一棵碗口粗的树。而在他前边几米处就是深不可测的悬崖。正是因为有了这一次次的探险考察，才有了今天的“重渡沟”景区。

开发重渡沟之初，面对艰苦的条件，妻子关长荣问他：“放着好好的副镇长不干，却来重渡沟受罪，图的是啥？”马海明坦然回答：“图啥？就图通过开发家乡的旅游资源，能给后人留点财富，就图让祖祖辈辈守着金山没饭吃的乡亲们不再受穷，过上好日子！”他不断地动员和帮扶群众参与重渡沟的旅游开发，让村民们通过开办家庭宾馆，开发旅游土特产、纪念品，发展农家乐项目等，分享重渡沟的旅游发展成果，走共同富裕之路。

（二）英魂依旧在，青山水长流

2011年5月7日，马海明在去抱犊寨景区考察时，由于山高路险，汽车不幸坠入深谷。58岁的马海明生命戛然而止。他生命的最后一刻，仍然在为栾川的旅游开发奔走。噩耗传来，河南栾川县潭头镇重渡沟村的村民们陷入无限的悲伤之中。

马海明走了，马海明带领他的团队让重渡沟的美景走出了山沟、让栾川旅游叫响了全国，走向了世界，他却永远地走了……如今的重渡沟村95%以上的农民从事旅游服务行业，仅家庭宾馆就有上万张床位，人均收入连续5年超万元。重渡沟村民再也不用住雨天漏雨的土坯房了，村里的人们再也不用为娃交不起学费发愁了。如今，重渡沟作为国家4A级旅游景区正在向创建国家5A级旅游景区迈进。

重渡沟村的老支书余长生这样形容马海明：他就像农舍大门的门钻，任你左右旋转，总能巍然而立；他更像铁匠炉子的砧板，任你百般捶打，他总是坚强应对；他的人品就像“农耕村”牌的老酒，让人越品味越醇。

图6–10 重渡沟海明农耕村开业仪式

村里一位60岁的老人说：“没有马海明就没有重渡沟啊……”重渡沟开发之初，马海明劝他办个农家宾馆，他觉得没前途，也怕赔钱，硬是不干。后来马海明见他整天在山里游荡，就从其他村子请来一个老艺人教他学习竹艺。“海明为了我低声下气地和人家说好话，所以我得学啊。学成以后，我一直想送给马镇长一个竹艺品，但一直没有机会，今天送一个过来让他看看……”老人说罢，抹起了眼泪。

领导孙小峰回忆起和马海明曾经工作的场面眼睛都湿润了。“海明这个人对事业孜孜不倦，对工作任劳任怨，对同事朋友包容支持，好人啊……”

“生亦重渡沟，死亦重渡沟；天堂重渡沟，地域重渡沟；灰飞烟灭时，青山水长流。”这是曾经跟随马海明一起开发重渡沟景区的好伙计任献国为他深情抒发的《思海明》诗句。

图6-11 做竹编工艺的重渡沟村民

眼前的一片竹林风景秀美，不得不让人想起马海明在他的自传体文学作品《情系重渡沟》中的一句话："即使走到生命尽头，化成骨灰，也要分出一部分去壮一棵重渡沟的竹子!"是啊，眼前这座美丽的重渡沟景区，有太多像马海明一样的旅游工作者在为旅游事业的发展默默地奉献着，正因为有了无数个马海明，才有了重渡沟乡村旅游辉煌的今天。①

图6-12 马海明和他心系的重渡沟

①张明灿. 好人马海明的旅游人生[EB/OL]. 第一旅游网，http://www. toptour. cn/detail/info34319. htm，2011-09-16.

二、“令狐冲”和他创造的西方不败神话

重渡沟另一位带领村民致富的功臣就是马海明的“铁三角兄弟”任献国，现任栾川县重渡沟风景区有限公司的总经理。如果说马海明是重渡沟的开篇导师和领路人，那任献国就是重渡沟营销和创新发展的实力干将。

（一）“草根”英雄的“草根”营销

图6-13　好兄弟任献国（左）和马海明（右）为开发重渡沟出谋划策

提到任献国，就不得不提一下他有趣的诨名“令狐冲”。此令狐冲非金庸武侠中的令狐冲那般风流倜傥，但是这个“令狐冲”喝酒的豪迈之风却一点不输壮士之风。但凡跟任献国喝过酒的朋友，都会被他的“令狐冲”精神折服、钦佩。他这个“令狐冲”就是“拎-壶-冲”。盛装白酒的小酒壶，别人都是用作器皿，往杯子中斟酒所用，而任献国喝白酒，是直接拎着白酒壶一饮而尽，由此得到了这个“令狐冲”的诨名。任献国可不是天生嗜酒如命的酒徒，而他这般豪爽的酒风都是在旅游推荐会上练就的，栾川重渡沟每年都要到周边省市甚至北京做旅游推荐会，推荐会上，任献国本着栾川人民朴实憨厚的性格结交各路好友，热情推荐重渡沟的美景。让跟他喝过酒的各地旅游人士都记住了他这个豪爽的栾川汉子和他宣传的豫西重渡沟名片。

1997年，任献国受栾川县潭头镇政府委派开发重渡沟旅游，潭头镇成立旅游开发公司，任献国担任总经理，是重渡沟村发展旅游的元老级人物之一。今天的国家4A级旅游风景区重渡沟风景秀美、誉满中原，然而，重渡沟旅游

刚刚起步的艰难，任献国体会颇深，建设资金都是他通过各种专项基金东挪西借的。没有钱去大量投放广告，他们想出了许多“草根式”的营销方法，如印广告夹到栾川各个宾馆的服务指南里面；在洛阳的一些大企业电视台免费播放重渡沟风景广告；用送门票的方法，邀请郑州各大旅行社老总来重渡沟踩线……凭着这种“草根”精神，硬是将重渡沟推入了主流市场。

（二）“金点子”层出不穷

营销景区是第一步，怎么经营和管理景区是景区可持续发展的关键。中国每年新增的旅游景区不计其数，要想让重渡沟一直保持较高的知名度，创造“不败神话”，不仅需要景区管理技能，更需要不断推陈出新来吸引游客的眼球。

随着景区的不断发展壮大，如何开发旅游产品？如何打造重渡沟旅游品牌？这两个问题是摆在重渡沟景区领导面前的课题，任献国有自己的想法。他聘请旅游界知名人士提建议，自己走出去考察学习，利用竹子资源丰富的优势，大力开发旅游产品，小到利用几寸长的一节竹竿制作儿童玩具，大到竹制农家宾馆用的餐具、办公用品，精到竹制品的雕刻、绘画等竹制旅游产品80多种。重渡沟村民制作生产的竹桌、竹椅、竹帘、竹花篮和小巧玲珑的手工竹旅游纪念品远销省内外，2007年，仅此一项就为重渡沟村民增加经济收入198万元。

2008年，任献国的头脑里又有了新想法：“能不能把重渡沟原有的篝火晚会搞大，做成一个狂欢节？”在咨询了众多游客并获得肯定后，2009年，重渡沟第一届“音乐啤酒狂欢节”开幕。自此，也拉开了重渡沟夏季狂欢的序幕。夏夜里的万人狂欢也就成为重渡沟的最大亮点之一。而在2012年的第四届狂欢节上，重渡沟的微电影也同期开机。这部微电影的名字很好记，叫《非诚勿扰3》。在第四届狂欢节的现场，演艺广场上5000人的席位满满当当，连周围也被围得水泄不通。据景区工作人员估算，现场至少有上万名游客。重渡沟景区副总经理刘海峰说，狂欢节对游客的拉动是显而易见的。2012年上半年，重渡沟游客增长率为13%~16%，而在七八月份的狂欢节期间，增长率达到30%，仅这两个月的门票收入就达到了1300万元。任献国说，不管是狂欢节还是电影，都是一盘“传染快乐的大棋”，最原始的目的都是让重渡沟的快乐能够“传染”给游客，从而把河南非物质文化遗产带到重渡沟和游客见面。

图6-14　重渡沟狂欢节

生活的日渐富裕，重渡沟村人们对丰富的文化生活的需求也更加迫切，基于此情形，任献国又提出了要大力发展企业文化，不断完善娱乐设施项目，不断寻找重渡沟新的卖点，就这样，重渡沟风景区投资了4300多万元，规划建成了重渡沟漂流、农家宾馆“杏花园”、小吃水巷两条街、演艺广场“亲水乐园”等15个文化娱乐项目，这15项游乐项目均在旅游高

图6-15　重渡沟村导游自编自导自演的舞蹈

峰期派上了用场，同时也为栾川旅游增加了一个新亮点。与此同时，任献国还把景区能歌善舞的员工与村里能拉会唱的村民组织起来，联手成立了业余文化演出队，自编自演反映景区开发、体现农民新生活的小节目。精致、独特的节目不仅吸引了前来游览的游客，而且丰富了村民的精神文化生活。

图6–16 重渡沟“5D”影院

重渡沟村支部书记经常说，“借旅游开发，重渡沟村民富了起来，家家户户都吃上了旅游饭，家家户户都盖起了古朴美观、装饰现代化的农家宾馆，家家户户都不缺钱花，村民们富起来之后，就想生活过得有滋有味”，重渡沟风景区“亲水乐园”的建成使用，满足了村民们的心愿。村民们真真切切享受到了重渡沟的旅游开发给他们带来的美好生活，真真切切看到了通过旅游开发建设社会主义新农村的灿烂曙光……这些变化都和任献国的努力分不开，说他是重渡沟开发建设的功臣一点也没说瞎。

任献国以其独辟蹊径的营销谋略和层出不穷的创新点子，通过合理开发重渡沟风景区得天独厚的自然生态资源，走出了一条生态旅游开发奔小康的致富路，为业内树立了成功的典范，将一个名不见经传的穷山沟变成人间天堂，插上了腾飞的“金翅膀”。

图6–17　重渡沟美景

三、致富能手贾文献和他的“贾家小院”

早在1999年，栾川县委、县政府正式提出依托原生态民居大力发展农家乐政策的时候，重渡沟村的贾文献就积极响应政府的号召，借款将自己的两间土房子稍加改造，做成了最初的农家乐。让人意想不到的是，仅仅两年时间，“贾家小院”名声大噪，看着不起眼的两间土房，10张床铺，却引起了大批都市人的青睐。2001年，“贾文献靠经营农家乐一年赚了2万多元”的消息成了重渡沟村的重磅新闻，“做农家乐能致富”成为村头巷尾津津乐道的话题。从此，重渡沟村的农家乐如雨后春笋般，发展得热火朝天。贾文献在农家乐上尝到了甜头，更是斗志昂扬，将掘到的“第一桶金”继续投入到家庭宾馆上，不断扩大规模、提升基础设施质量。2006年，重渡沟的农家乐发展规模已成气候，在全省乃至全国有了一定的名气，而贾文献的“贾家小院”更是已经发展到30个床铺，年收入达到了6万元，成为重渡沟农家乐中的佼佼者。2007年以后，贾文献开始着手“贾家小院”的升级改造和创星级工作，他先后投入了100多万元进行提档升级，从土房子到砖房，再到小别墅，从玻璃窗到不锈钢，再到雕花木质窗。“贾家小院”脱胎换骨，从昔日的破土草房变成了书香门第。2010年，贾文献的孩子大学毕业，决定回家用自己在大学学到的知识帮助父亲把“贾家小院”做精、做大。经过父子两人的精心经营，“贾家小院”的床位数达到了200多张，全年入住率达到了91%，旺季更是天天爆满，贾文献家的年收入随之突破了60万元。

2013年5月19日，国务院副总理来到重渡沟调查乡村旅游发展情况的时候，贾文献夫妇光荣地向总理做了汇报。总理亲切地询问了贾文献夫妇的经营和生活状况，得知贾文献的儿子“子承父业”，对他们进行了鼓励，并与贾文献一家亲切合影。临走时，还亲切地对老贾说：“我估计下次来就到十年后我退休时了，退休时带一家人来，那时候希望你这家庭宾馆更漂亮，那时候来就是祖孙三代了，看你们有没有大一点的房间。祝你们生意越来越好啊！”一时间，贾文献成了村里的“大明星”，许多游客也慕名前来。

图6-18 今日的“贾家小院”

第三节 解读“重渡沟现象”

从破旧闭塞的贫穷小山村，到如今家家户户漂亮整齐的小洋楼；从祖祖辈辈面朝黄土背朝天的农民，到懂管理、懂营销、具有服务意识的旅游从业人员。是什么促使重渡沟发生了天翻地覆的变化？让我们一起深入解读“重渡沟现象”，了解重渡沟成功经营背后的秘诀吧。

一、“公司+农户”一体化

“公司+农户”的经营模式，正是重渡沟的独特之处。重渡沟景区在开发初期，资金严重短缺，在无法筹措资金进行接待设施建设的情况下，政府鼓励农户自己投资建设农家宾馆，良好的经济效益所起的示范作用使农家宾馆很快形成规模和特色，一方面解决了景区的接待问题，节约了企业投资，改善了居民的居住环境。由于饭店、住宿设施投资的不可转移性，旅游饭店具有极强的关系专用性，一旦该旅游目的地步入衰退期，饭店等绝大部分资产将沦为沉没资本，因而旅游公司不在景区内建设饭店，而是鼓励以农家乐宾馆的形式提供住宿设施，也避免了沉没成本的投资。另一方面，农户的景区餐饮、住宿接待服务企业与旅游公司观光产品互补组成了景区旅游企业共同体，居民在景区被就地安置就业，拥有宾馆企业产权和经营权，通过经营获得可观的利润，保证了景区农户在旅游经营体系中的深度参与。①

图6-19　重渡沟水景大酒店夜景

实际上，旅游公司和农户之间存在着一种合作与博弈关系：旅游公司管理人员擅长企业经营管理，了解旅游市场，具有雄厚的资本，再加上民营企业机制灵活，因此，旅游公司负责景区发展规划、生态环境保护、营销与市场组织、基础设施建设、景区商业网点管理和农家宾馆管理及业务指导；社区居民整体参与旅游景区接待服务，并以村民代表为代言人参与管理。这种经营模式的最大亮点是就地安置景区农户，公司经营景区观光企业，农户经营住宿、餐饮和其他服务性企业并拥有产权，两者构成互补性产品，形成

①翁瑾，杨开忠. 重渡沟景区“公司+农户”的旅游产业组织模式研究[J]. 经济经纬，2004(1).

“公司+农户”的景区企业共同体，各利益主体之间利益分配合理，以旅游公司为龙头的一体化经营管理可以有效实现企业间外部效应内部化，规避了农户经营中的机会主义倾向，保证景区利益最大化。

图6-20　重渡沟公司经营的水景大酒店

“公司+农户”的经营模式，也更符合旅游扶贫的可持续发展模式。重渡沟农户参与旅游业经营，不是单纯地为旅游企业提供服务，而是作为企业的经营主体，深入参与旅游业经营。这种经营模式充分保证了社区居民作为利益主体在景区旅游发展中的经济收益，增强了景区持续发展的能力。

二、农家宾馆“四统一”

“吃农家饭、住农家屋”，农家宾馆可以说是重渡沟的拳头品牌之一。与周围山影、竹韵和清溪景观相融的农家小院，浓浓的乡音，朴实的言行，充分展现豫西山地丘陵地区农村聚落的生活生产形态，游人入住农家宾馆，与主人零距离接触，增强了山乡生活体验情趣。因此，农家宾馆成为景区不可或缺的旅游吸引物和重渡沟景区的品牌产品，在景区企业体系中具有重要地位。但是，重渡沟农家宾馆的产权和经营权为农户所有，而非为景区公司所有，因此，难以避免地会产生一系列风险，如一些农家乐宾馆经营者可能会用低劣的服务来降低服务成本，以获得额外利益，从而损害重渡沟农家乐宾馆的整体形象；或者以低成本服务为基础擅自降低服务价格，进行恶性竞争，这些都会增加景区旅游企业体系内部交易费用，老百姓各自为政的无政府主义和景区统一管理成为制约景区发展的一对主要矛盾。

景区发展需要步调一致，重渡沟风景区农家宾馆发展之初，景区就牢牢抓住了农家宾馆发展、建设、经营管理的操控权，使农家宾馆始终沿着健康的轨道良性发展。操控权的具体体现就是“四统一”——统一接待、统一设施、统一价格、统一结算，始终让农家宾馆“活而不乱，管而不死”。

农家乐经营的最大弊端就是自由性大、跟风而上，容易产生短期经济效益行为和恶性竞争。“四统一”模式，正是为规范农家乐经营而制定的。

统一分配。不是反竞争的平均分配。刚开始是根据景区地理方位将家庭宾馆分区块，让经常合作的旅行社优先选择、新开发的市场优先选择，分配给他们的农家乐环境、服务都是最好的。当旅行社和游客对农家宾馆都了解后，实行“自由选择”和“统一分配”相结合，旅行社可以选择自己想去的农家乐宾馆。此外，实行“大型节假日统一分配”和“平时自由选择”相结合，保证了节假日景区的稳定经营；“团队统一安排”和“散客自由选择”相结合，保证了散客选择的自主性。

统一接待。游客统一在重渡沟接待服务中心交款，拿到安排后的入住通知单，凭通知单到家庭宾馆总台进行入住。

统一价格。制定农家乐菜单、床位的最高限价和最低限价，保证农家乐宾馆的正当竞争。

统一结算。每个月农家乐经营业主到管委会统一结算本月收入，管委会不收取业主任何费用，但是，如果出现游客投诉、检查扣分的情况，会在业主的收入里扣除相应的罚款。这样就规范了农家乐的服务和接待水平。

图6-21　重渡沟游客接待服务中心——统一接待、统一分配

同时，奖惩公开、公正，定期检查，对卫生不达标、随意降价和提价以及被游客投诉的宾馆进行张榜公示，处以罚款和降低星级，并限期整改，在此期间不再安排客人入住。另外，景区结合农家宾馆星级评定标准，对农家乐宾馆统一进行评估，同一级别的统一定价，对农家宾馆起到了很好的引导作用，调动了农户投资改造农家宾馆的积极性。经济上的损失和舆论的压力使大多数农户都不敢触及“红线”，提高了农户的自律性。这种措施不仅可以使游客有安全感，也可以避免游客和家庭宾馆之间因为价格发生纠纷；另外，家庭宾馆不至于因为竞相争客而降价，避免效益流失。

同时，景区对农家宾馆进行严格的质量管理。景区农户自己经营农家宾馆，肩负着宾馆经理、服务人员等多种角色，世代过着自给自足小农经济的农民角色转换后急需的专业知识几乎是空白。针对这一状况，公司利用旅游淡季聘请专家、学者给宾馆经营人员讲宾馆管理、投入与产出、成本核算等经济学知识，请星级饭店的经理进行饭店服务礼仪和服务技能培训，以此不断提高农家宾馆经营管理的规范性和服务质量，保证农家宾馆的信誉和特色，增强景区的吸引力和市场的竞争力。

三、抢占观念“制高点”

抢占了观念的“制高点”，就等于抢占了市场先机。

重渡沟开发之初，便赢在了两个“观念”上：一个“观念”是“返璞归真，回归自然”——当别人还在营造城市公园的时候，重渡沟就围绕“原始、古朴、自然、粗犷”的开发建设理念来打造生态型景区，利用当地的竹、木、草、石、闲房、旧屋等现有资源，利用当地工匠，自行设计，自行施工，自行开发，开旅游景区“投资小，见效快，效果好，效益高”之先河；当别人还忙着建楼堂馆所时，重渡沟就推出“吃农家饭，住农家屋，参与农事活动，享农家乐趣”的“农家乐”。试想：进入农耕村，扑面而来的是绿色长廊，爬满青藤的土墙茅屋，穿着土布的山民，各种手工作坊、民间艺术表演场；扑鼻而来的是酒香油香；农家店主，从入住到三餐，任游客来去自由，亲如一家人，全无防备之心；上山路上，一处处农家门口，慈祥的老奶奶，守着自家的小白狗坐在石阶前，笑吟吟，岁月的沧桑痕迹也遮挡不住那曾经的清秀面庞；登山道上，弹古筝的少年，拉弦子的老者，吹笛的盲人，和着山音，通之灵性，日子，就在这乐章中悠悠地晃着。来自都市的每天都疲于奔命的游客进入了这桃源仙境，怎可能不流连忘返？

图6-22　农耕村将农村原始作坊磨豆腐技艺展示给游客

另一个“观念”是“独乐乐不如众乐乐”——当别人还在瞄着有钱人开发旅游市场的时候，重渡沟已经用低价位市场开发战略把大量工薪阶层吸引到重渡沟。在重渡沟旅游不仅仅是有钱人的享受，而是所有人的权利。工薪阶层虽然消费能力不是很强，但是数量很多，整体发展潜力巨大。几十元的房间，几十元的农家饭，低价位、有特色的服务符合大众消费潮流、满足了现代人的旅游需求，洛阳市的旅行社甚至提出了“百元游重渡沟”的口号。一些老年游客把这里作为休闲养生的居所，一住就是大半个月；大批学生、工薪阶层在节假日成为游客主力军，甚至省外游客也慕名而来。[①]

图6-23 避开烈日与喧嚣，老人们在重渡沟竹林里避暑打牌，好不惬意

四、“草根”营销“闯路子”

景区开发伊始，当地政府和景区都在宣传营销中发挥了重要作用。在政府组织下，景区连续进行了几次“轰炸式”营销，使“住农家宾馆，吃农家饭菜，在自然山水中陶冶性情，放松身心”的重渡沟风景区休闲度假游品牌形象被强力推出。

同时，尽管资金有限，重渡沟景区的领导和工作人员也绞尽脑汁想出多种宣传办法，如印发重渡沟薄纸广告，夹到栾川各个宾馆的服务指南里面，吸引本县游客；后来，又拿着县电视台制作的VCD，找到洛阳的一些大企

①重渡沟农家宾馆发展三步曲[OL]. 河南旅游网，http://www.uhenan.com/travel/cdg/xinwen-2660.htm，2009-07-15.

业，在企业电视台免费播放。就是通过这种免费宣传，先是吸引了洛阳厂矿企业的人来旅游，然后口碑宣传，慢慢的洛阳市民也来了，并带动了周边县市的居民。他们又以送门票的方法，邀请郑州各大旅行社老总来重渡沟踩线，想办法迂回路线，用情感营销造势，吸引旅行社的注意，又收集郑州各大机关、院校、企业单位地址，给这些单位老干部局、工会、团委、妇联等单位写信、寄门票，结果收到奇效。重渡沟、栾川逐渐在郑州有了影响，各大旅行社开始注意到重渡沟、注意到栾川，纷纷来接洽旅游路线。重渡沟，就这样利用不起眼的“草根营销”进入了主流市场。

图6-24 重渡沟村“忆苦思甜饭”现场火爆

在重渡沟名声远播之后，景区并没有放松对营销的投入。2004年以前，每年景区宣传投入只有20多万元，而2007年投入600多万元，2008年投入750多万元，2009年投入880万元，同时公司广泛运用广告促销、新闻事件与公关营销、景区联合营销等多种营销方法，并在宣传促销中不断创新，如在2011年8月重磅推出“重渡沟山水狂欢节暨第三届音乐啤酒狂欢节”，河南、河北、山东、山西、陕西、安徽、等省、市40多家主流媒体对活动进行了跟踪报道，从而成功地把旅游市场扩大到更多的省市，重渡沟又一次在营销上实现了“小投资，大回报。”之后，重渡沟一到七八月份旅游旺季，都

图6-25 重渡沟万人民俗婚礼

会在周六举办一次大型活动，除了狂欢节、啤酒节，他们还会办一些“大、奇、特”的主题活动，如“万人宴”、“忆苦思甜饭”、“万人民俗婚礼”等。2011年8月7日，重渡沟挑战吉尼斯世界纪录，免费景区万人宴，1万名游客在景区内免费品尝“四盘八碗”豫西特色传统喜宴；2012年8月5日，万名游客免费共同品尝“忆苦思甜饭”，穿着抗战时期军装的服务员将蒸土豆、煮玉米、杂粮糕、窝窝头等杂粮食物给游客端上桌，吃惯了大鱼大肉的游客吃起来“忆苦思甜饭”不亦乐乎；2013年8月11日，重渡沟“万人民俗婚礼”，通过向全国招募30对新人，每对新人可以带30名亲朋好友，由景区提供吃住行一切费用，万名游客共同参加新人集体婚礼，感受豫西结婚民俗，新郎骑着高头大马，新娘跨火盆等，婚礼现场还提供可供1万名游客免费享用的婚宴。这样的活动总是能吸引游客的眼球，一经推出就取得巨大的轰动效应，让更多的游客体验到重渡沟的山水之美，翠竹之美，农家之美，进一步提高重渡沟在人们心目中的知名度和美誉度，借助游客为重渡沟进行免费的“口碑宣传”。

图6-26 万人民俗婚礼晚会现场人头攒动

五、诚信经营“立牌子”

说到重渡沟的成功，不得不提的就是它的“诚信经营”。诚信缺失是很多景区经济效益走向滑坡的原因之一，而重渡沟在长期的经营管理实践中，把“先做人，后做事”、“和游客保持零距离”、“宁舍利，不舍客”的信条放在首位，只要是对游客和旅行社承诺的事情就一定要做到。重渡沟人并没有做出什么“惊天动地”的大事，就是一心一意让游客满意，一心一意让旅行社赚钱；重渡沟也不搞那些引起争议的炒作新闻，不靠负面消息出名。这一系列人性化经营理念，大大提高了重渡沟家庭宾馆的知名度、美誉度和顾客的忠诚度，使重渡沟家庭宾馆如虎添翼，在获得更大经济效益的同时，也取得了更好的社会效益，并产生了深入人心的“重渡沟现象”，为栾川在全国的旅游模式奠定了经济基础、理论基础、实践基础。

第四节　描绘未来宏伟蓝图

20多年来，重渡沟用它独特的经营“法宝”打造出了群山中的一颗明珠。然而，重渡沟人深知，不能为眼前的成绩沾沾自喜、止步于此，重渡沟的发展之路仍然存在一些制约瓶颈，只有目光长远、胸怀广阔，才能够使重渡沟继续成长、不断进步。

一、景区扩容，打开快速成长瓶颈

随着重渡沟的声名远播，越来越多的游客慕名前来，每到周末景区便游客爆满，甚至出现过游客过多，住宿床位不够的现象。急剧膨胀的客流给景区发展带来了一系列问题，景区容量日益成为重渡沟快速发展的一个瓶颈：一方面，现有景区承载力有限，在景区面积既定的情况下，客流的增多使得景区过度拥挤，高峰期住宿设施不够、交通不便，从而降低游客的游览品质；另一方面，目前重渡沟的主要旅游景点主要集中在南沟和西沟两条沟内，现有旅游线路存在单一性和局限性。因此，扩大景区容量成为重渡沟发展的当务之急。扩大景区容量，不仅可以使现有景区接待量大大提升，缓解交通压力、延长游客停留时间、拉动景区消费、提升游客体验，从长远看能够提升景区盈利能力，使景区的成长空间大幅度增加。

目前，重渡沟景区已经初步规划出了一个“大景区”计划，将售票点前移至卢潭路与景区交界的重渡沟站，将现在景区外围的几个村庄也包到景区中，在路边种植大片的油葵等具有观赏价值的经济作物，并鼓励这些村庄和重渡沟村一样开发农家乐，这样不仅使景区的游览面积扩大、接待能力增加，而且能够带动这些村庄共同致富。同时，重渡沟人又雄心勃勃地计划开发一个大型漂流项目，将重渡沟的景点前后串联起来，丰富游客的体验活动，使大家一进重渡沟就能够“嗨”起来。

二、生态提升，为可持续发展铺路

重渡沟水林相拥，竹林相映，空气幽净，森林覆盖率达90%以上，确实是休闲养生的胜地。但是随着栾川旅游的声名鹊起，重渡沟的游客激增，在为当地经济增长做出贡献的同时，也带来了一些生态保护问题，如大量的生活垃圾、迅速增加的生活污水、为扩建宾馆而砍伐树木……这些问题日渐威胁景区的生态安全，制约着景区的可持续发展。因此，景区的生态提升刻不容缓：一是生态停车场的建设和现有停车场的生态改造提升，将原有的大面积车辆暴晒的停车场改建为景观式的停车场，如采用绿化草坪砖、用灌木作为隔离线、用高大乔木和藤蔓植物遮阴等；二是景区交通线路的优化和交通工具的统一，原则上机动车辆都统一停放在停车场，核心景区主要使用环保电瓶车作为交通工具；三是建筑的节能改造，建筑材料尽量使用本土材料，因地制宜利用屋顶、墙面等安装太阳能电池板

图6-27 重渡沟竹林深深

等，虽然造价会提升，但可以长远收益；四是生活垃圾的分类处理方案，对收集的垃圾实行分拣处理，可回收的垃圾采取无害化、资源化处理，如采用微生物分解法转化为肥料、沼气等作为能源；五是污水处理系统的升级，重渡沟现有一个功能较好的污水处理厂，但随着游客的增加，负担也日益加重，需要在原厂的基础上提升处理能力，或者新增一个污水处理厂；六是生态知识的宣传，增加介绍区内动植物、地质等生态知识内容的景物介绍牌，使人在旅游中增长知识、获得教益。此外，对一些细节也要进行改造提升，如景区的导游图、景物介绍牌应改造成生态材料、建设生态厕所等。

图6-28 重渡沟景区内的生态观光车

三、文化挖掘，打造传统魅力乡村

在景区不断扩展的同时，景区文化的提升也刻不容缓。旅游业是文化本位的经济产业，中国旅游业在经历了20多年的快速发展后，以观光为主的市场逐渐向休闲度假、康体养生等多元化、中高端市场过渡，旅游景区的品质也必须适应市场的文化诉求和产业升级的大趋势，并提供具有文化内涵和品位的旅游产品。重渡沟要在众多旅游景区中脱颖而出，必须要深入挖掘自身的文化内涵。重渡沟的历史远溯至东汉光武帝时期，至今已有近两千年，村民们祖祖辈辈生活在大山深处，保留下来许多独具特色的文化传统，将这些文化不断挖掘、传承和发扬，才能够创造一个独具文化魅力的重渡沟。

重渡沟的文化提升，主要从以下几个方面入手：一是竹文化的深入挖掘。重渡沟已经开发了一些小规模的竹工艺加工制品向游客出售，最突出的是重渡沟的竹筒酒，已经在市场上具有了一定的知名度，但是还没有达到深入挖掘文化底蕴的目的。竹文化的开发，一方面要继续把工艺品做细、做精，提高品牌保护意识，扩大宣传；另一方面要把竹文化与体验旅游联系起来，如开发竹文化体验基地，使游客可以体验挖竹笋、亲手用竹子制作手工艺品、体验酿造竹筒酒的过程等。二是餐饮文化的挖掘。重渡沟有很多自己的传统美食，如槲包等，都是利用当地的特色原材料加工制成的，有些还具有一段神奇的传说。将这些看似“老土”的食物、小吃搬上餐桌，打造成特色农家宴，游客边品尝美食，边听着它们的传奇故事，定会对游客产生不小的吸引力，也能够形成重渡沟的餐饮特色。三是豫西建筑风格的重现。重渡沟的农家宾馆建筑风格经历了由统一到多样化，再到逐渐统一的过程。一开始都是豫西式的土坯房，到农民发家致富了重新修建的各式各样的小洋楼，再到后来部分村民意识到，城里人来到重渡沟不是为了住到和城里一样的小洋楼里，而是希望体验到别具一格的农村生活，因而把自己的楼房外观改造成豫西风格，向传统回归。这也是未来重渡沟建筑风格发展的趋势。尽管房屋高矮不同、装潢布置或古朴或素雅，或小家碧玉或端庄大气，但是总体上的建筑风格是统一的，变化中有统一，统一中又不失特色，游客行走其间，仿佛回到了古时候宁静遥远的山村，远离大城市的喧嚣。

四、争创5A，管理、服务更上层楼

在顺利成为国家4A级旅游景区之后，重渡沟人并没有被胜利的喜悦冲昏头脑，而是为自己树立了更高的奋斗目标：一举拿下国家5A级旅游景区称号！创建国家5A级旅游景区工作，是重渡沟自身发展的需要，也是栾川旅游发展的需要。2011年4月13日，栾川县委书记樊国玺专程到重渡沟景区督导创建5A级旅游景区工作，要求重渡沟景区一个决心一条路，一定要把5A牌子拿到手。2013年5月19日，汪洋副总理来栾川调研乡村旅游的发展工作，提出“希望乡村旅游的路子越走越宽”的要求，这更促进了重渡沟人创5A的决心。

为了实现5A目标，重渡沟董事会提出了“抓经营管理、抓5A创建、抓农家宾馆改造，创中国知名景区”的“三抓一创”、“三驾马车”齐头并进的工作思路，加大基础建设改造资金投入，按照国家5A级旅游景区标准，对景区基础设施进行建设改造，以中心区老街改造为中心，规划了11项重点建设项目，奋力向国家5A级旅游景区目标冲刺。

创5A是一项浩大的工程，创建时间紧、任务重、压力大，重渡沟人上到公司老总，下到基层员工、老百姓，都在日夜不停地奋战。公司执行董事长常青山不辞辛苦，每天都要白天往工地跑几次，督促工程进度，严把工程质量关；晚上和景区及工程队相关负责人议事，规划设想改造方案，总要忙到深夜。有时因为工程进展缓慢或不符标准，着急上火，加上休息不好，嗓子都哑了。景区总经理原彦红、分管5A资料工作的常务副总经理刘海峰、分管工程管理的副总经理王双延，一边要做好经营管理工作，一边要花费巨大的精力投入创5A工作中，一天到晚都在景区奔波忙碌，很少有坐下休息的时间。为树立景区票口的良好工作形象，分管票务工作的副总经理张文科，不顾年迈同年轻人一道，昼夜坚守在检票一线。总经理原彦红，为给景区建设争取资金，节假日都顾不上休息。水景大酒店总经理薛俊学，工作中把自己视作普通一员，管理上善抓细节、善抓小事，生活上无微不至体贴员工，景区酒店员工都对领导层的努力、付出和对员工的关怀体贴竖起了大拇指。5A创建还需大量的文字资料，负责5A资料整理的工作人员昼夜加班，对各类资料进行整理，并印成书册上报省、市旅游局和相关单位……[①]

虽然有了4A级旅游景区的良好基础，景区内的基础设施和软硬件设备仍需进一步改善和提升。重渡沟严格按照国家5A级旅游景区甚至超越5A级旅游景区的标准进行建设，一方面是对景区的标识系统进行改造，将原来中英文

①5A改造升级，一样的景色，不一样的景区［EB/OL］.重渡沟官方网站，http://www.chongdugou.net/View_6/3366.aspx，2013-12-09.

或中文标识升级成中文、英文、日文、韩文四种语言的标识；另一方面不断拓展内部交通，将原来的停车场改建为生态停车场；将景区内所有公厕都按照三星级及以上标准进行改建。重渡沟一线工程人员昼夜奋战，短短几个月的时间，就完成路面补修2000多平方米，垒砌大堰1000多立方米，仿生包装河堰1000多立方米，栽植竹子1000多平方米，栽植各种绿化树种1万多棵，改造桥梁三座，建成道路两旁仿生竹子护栏1000米，对“关公湖”仿竹水泥护栏进行了重新粉刷、改造，南“小吃水巷”完成改造并正式营业……这些工程的整修重建使景区在视觉上已初具变化。

而创建5A级旅游景区最重要的工作任务之一，仍然是农家宾馆的改建。农家宾馆是重渡沟最重要的特色。重渡沟农家宾馆起步早、成名早，成为其他景区效仿的榜样。但随着时间的推移，重渡沟农家宾馆与周边新生农家宾馆相比显得越来越落后。随意建房、随意加高楼层，使景区越来越城市化；宾馆外观五花八门，材料、色调各异，宾馆周边环境差；服务档次低，卫生差。特色不特，反而成为影响景区发展的一个痼疾。为改变重渡沟农家宾馆现状，镇、景区和村组成考察团，分两批到四川三圣花乡、农科村等农家乐发展较好的乡村进行参观考察，制订重渡沟农家宾馆改造方案，镇党委书记、镇长、公司中层以上干部和村干部都包干到户，成为这些家庭宾馆改造的分包人。为促进农家宾馆积极改造，景区还出台政策，对农家宾馆改造先进户给予一定的经济补助。经过改造后的农家宾馆建筑外观统一了：主格调为白墙、青砖、灰瓦、木门、木窗，样式为传统豫西建筑风格；庭院大都是木质门楼和木质店牌，院墙为木或竹篱笆或带花窗加瓦檐的粉白矮墙，庭院内得到充分绿化、亮化、美化；家庭宾馆周边全部竹林掩映、花草相衬；宾馆内干净整洁，厨房物品摆放整齐；服务人员服装统一，服务热情、标准；饭菜可口卫生，尽显农家特色风味。每家宾馆的门外都悬挂有景区家庭宾馆协会评选出的门牌，景区内不再出现拉客、“宰客”现象。重渡沟景区成为名副其实的“中国农家宾馆第一村”。

创建5A级旅游景区，不仅硬件设施需要达标，软件设施也要“过硬”。重渡沟虽然拥有自己的网站，但是网站上农家宾馆的信息、景点的介绍、门票住宿预订系统还不健全。因此，电子商务仍然是建设的重点。此外，重渡沟已经着手智慧旅游系统的建设，未来将要实现全景区免费Wi-Fi覆盖，游客走到哪里都能随心所欲地上网，使用电子票务系统，并与统计系统和监控系统结合起来，提升景区的管理水平。

（a）

（b）

（c）

（d）

图6-29　改造后的重渡沟村农家宾馆

图6-30 案例编写组调研重渡沟景区

第七章 “全景栾川”——空间整合，产业融合

栾川的旅游业发展到现阶段，产业已初具规模，带动效应已初步显现。栾川旅游发展所面临的瓶颈，主要体现在旅游发展的产业影响、市场范围及产品规模的“弱、小、散”，旅游产品单薄，接待体系及服务质量与市场需求的脱节。旅游竞争，已不仅仅是景点（区）之间的竞争，而更多地体现在整个旅游目的地之间的竞争。各旅游目的地为了增强竞争实力，均采用区域联合、整合营销等综合发展手段来实现旅游业的崛起。

为增强栾川旅游的产业影响和产业实力，应对周边市场的竞争，迫切需要一个全区域旅游规划、全面整合旅游资源、全行业提升旅游服务质量、促进旅游产业全面发展的旅游发展思路。“全景栾川”的适时提出，描画出栾川旅游业实现跨越的发展思路，勾勒出了栾川旅游业发展的广阔前景。

第一节 当前瓶颈及整合思路

本节将首先分析栾川旅游业发展到现阶段面临的瓶颈，并基于当前的瓶颈提出栾川旅游业的进一步发展思路。由于当前栾川旅游的发展瓶颈主要是旅游产业、旅游产品及接待体系的“弱、小、散”，因而进一步的发展需要采取整合发展的思路。

一、当前旅游发展瓶颈

栾川旅游业的当前面临的发展瓶颈既有内部因素，也有外部原因，主要可归结为产业影响弱、市场面狭小、市场机制不够完善、旅游产品缺乏整合、接待体系不够完善、服务质量有待提升、外部市场竞争激烈几个方面。

（一）产业影响弱

栾川的旅游收入连年增长，旅游人次屡创新高，却无法掩盖其产业影响仍然弱小的现实。栾川长期实行“工矿强县”的发展思路，工矿业仍然占全县国民收入的80%以上，工矿业所创税收占全县财政收入的75%～80%。旅游业虽具有广泛的带动性，但是旅游业对全县的经济贡献却十分弱小。

建设“全景栾川”，利用旅游发展来促进栾川县整体城市的建设、经济的发展、人民生活水平的提高，确立旅游业在栾川经济发展中的重要作用。所以，栾川旅游业还需进一步增强旅游产业实力，推动自身的产业化建设。除了发挥更大的扶贫富民作用外，还需发挥产业间的互动优势和互动效应，带动第一产业、第二产业、第三产业的协调发展，创造更多的直接经济收入，为提升全县的整体经济实力，弥补工矿业发展低谷，发挥更大的产业贡献。

（二）市场面狭小

栾川旅游市场集中于中原地区及华北地区的河南省、河北省、山东省、山西省等，周边地区、市县的客源占栾川旅游客源的大部分，市场面相对狭小。受周边竞争、景区知名度、交通条件等限制，栾川在市场范围突破上也存在着一定的困难，这将十分不利于栾川旅游的进一步可持续发展。

因此，在加强自身建设、提升服务质量、创新旅游产品的同时，还需加强市场开拓，寻找利基市场，创新营销方式，尽可能运用持续性强、效果较好的市场营销方式。

（三）市场机制不够完善

栾川的旅游业发展受政府主导，行政力量为主，推动旅游业取得了一系列成就。但是，也要认识到，要获得旅游业内生的发展动力，形成旅游业内生发展机制，还需要市场因素自身发挥作用，并形成良性循环，才能更好地推动旅游业的持续发展。

在市场还未充分发育、产业还未充分形成时，政府发挥其主导作用，将更有利于引导产业的发展。而目前，栾川县旅游业已初具规模，为进一步培育旅游市场，壮大旅游产业，政府目前从事的许多工作应让位于市场，政府更多地进行政策引导，培育市场因素，让市场在旅游业发展中发挥主要作用。政府与市场二者各司其职。

（四）旅游产品缺乏整合

整合旅游产品，形成旅游线路，构造旅游产品体系，是建设综合型旅游目的地的必经之路。栾川在旅游产品的整合和旅游产品体系的构造上还存在着一定的问题和瓶颈，突出体现在景区产品和沟域旅游产品缺乏整合两个方面。

1. 景（区）点产品单薄，相互竞争

当前，栾川已经完成了大量景区（点）的建设，三个精品景区三足鼎立成为全县旅游发展的核心。然而，栾川各景区发展的瓶颈也逐渐显露。

景区周边缺乏服务及配套体系，旅游产业链条较短，景区及旅游的带

动性无法充分发挥。景区周边的配套服务体系不够完善，服务质量得不到保障，将直接导致游客停留时间短，旅游活动停留在简单的观光层次，使得旅游业的综合带动效应无法完全显现。重渡沟、抱犊寨等几个景区离县城较远，景区内部及周边的服务配套体系需进一步完善，接待设施的服务质量亟待规范和提高，以充分满足游客的各类需要；老君山、鸡冠洞需延长旅游产业链，丰富旅游产品，提升旅游活动层次。

图7-1 栾川县旅游景区及乡村旅游示范区分布

门票经济明显，客源一旦成为旅游发展的瓶颈将使景区经营面临困境。目前，栾川县的几个旅游产品比较单薄，观光为主的景区将比较容易受客流影响而面临经营困境，景区建设时一次性投入巨大，客源瓶颈将造成成本回收的困难。这些景区还需尽快开发互补性旅游产品，加强休闲、娱乐产品的开发，消除门票经济的影响，创造更大的收益。

景区间缺乏联系，易成为竞争性关系，争夺客源。首先，小小的栾川县内有诸多的精品景区，景区产品稍有同质化倾向，就容易互相争夺客源；其次，栾川的旅游市场仍集中于周边区域及周边省区，景区协同营销机制不够完善，单一景区的市场吸引力不够强，容易被周边景区挤占原有市场。

景区（点）营销缺乏整合。每个景区在市场营销上都投入了重金，抓住各种机会、通过各种渠道进行自身的宣传，营销手段丰富，并取得了一定的营销效果。然而，独立的景区进行自身的营销宣传，并不能取得很好的实现营销宣传的效果，还可能相互挤占客源市场。今后，还需进行整合营销，各景区相互合作，通过线路和整体营销，共同吸引客源市场。

景区既已成为沟域内龙头，在今后的旅游发展中，就需进一步发挥其带动作用，形成完善的旅游产业链和产品链，整合各类旅游产品，形成有活力的旅游产业带和旅游聚集区。

2. 沟域旅游产品开发趋同，主题特色不突出

栾川地处秦岭余脉的伏牛山区，属典型深山区县，由五大山系和4个沟川地带构成，县境内沟坡面积和海拔1000米以上的山地面积分别占全县总面积的89%和49.4%。沟域旅游资源条件良好，也是未来栾川旅游开发的主体。

就目前的旅游开发现状来看，开发沟域旅游尽管已经在各乡镇获得共识，但由于缺乏产品开发的全局规划，产品开发仍然停留在初级阶段，特色与深度都明显不足。一方面，单条沟域旅游产品缺乏整合，往往在龙头景区开发的同时，辅助性旅游产品开发却不足，无法形成互为补充的旅游产品链条；另一方面，不同沟域之间的旅游产品和线路特色、差异化不足，主题不鲜明，造成不同沟域未能形成良好的竞合关系，目前仍以竞争为主，缺乏合作互补。

因而，在未来发展中，应以景区为龙头，积极开发观光农业、民俗旅游等乡村旅游新业态，逐步完善沟域内旅游产品体系；整合全县沟域旅游资源，以差异化良性互补发展为理念，完成全县沟域旅游总体规划，积极发展观光农业和农家庄园，并逐步形成特色突出、主题鲜明的沟域旅游新局面。

（五）接待体系不够完善

栾川将重点放在了旅游景区建设及相关设施的建设，景区虽然遍地开花，但是服务接待体系的建设却相对滞后，这又突出体现在宾馆饭店等设施的不完善。

栾川的宾馆饭店相对缺乏，且主要集中于中低层次。景区周边农家宾馆居多，接待层次为中低档；县城有少量商务酒店和为数不多的中高档饭店，高星级饭店基本没有。服务接待体系结构不合理和不完善，将直接限制旅游业的接待实力，同时又限制了栾川旅游业向更高层次的发展。

栾川的旅游发展定位为山地休闲度假旅游目的地，为实现传统观光向观光、休闲、度假等多功能的转变，必须有相当部分的旅游接待设施是为中高端市场服务的。为服务"全景栾川"建设，符合栾川旅游的定位，需加强旅游服务接待体系，促进中高档接待设施的建设，形成可以满足不同层次、不同需求的完善的旅游服务接待体系。

（六）服务质量有待提升

"要做什么样的市场，就要有什么样的服务质量"，为了提升现有游客的满意度，同时开发中高端市场群体，必须提升旅游服务质量，形成标准化的服务。

当前，栾川县各景区及各类接待设施等的服务质量参差不齐，私人接待设施还未形成统一的接待标准和接待等级。旅游主管部门除了对旅游质量进行监督检查之外，还要全力推广全县旅游接待设施的标准化建设。对全县的旅游接待户和旅游接待村进行标准化和资格认定，对饭店宾馆设施进行等级评定，这样既有利于管理，又方便了游客选择，同时还提升了整体的服务质量，维护了栾川的整体旅游形象。

（七）外部市场竞争激烈

由于资源的相似性、市场的相近性，栾川县周边市县就存在许多同类型的旅游景区和旅游目的地，这给栾川的旅游业带来了十分强烈的外部竞争。邻近栾川的嵩县，同为伏牛山系，与栾川共同申请世界地质公园，资源类型相近。近年来，嵩县也加快了旅游发展步伐，提出"5A嵩县"的旅游发展战略，给客源面同样集中于周边的栾川旅游业带来不小的竞争压力。

受国际经济形势影响、国内通胀压力以及政府政策的调整，近两年国内旅游明显不够景气，许多国内旅游目的地和旅游景区在接待人次和接待收入上有不同程度的下降。同时，随着出境游的持续升温，国内各目的地及景区之间的竞争也日益激烈。

种种困境均将栾川旅游业的发展瓶颈指向了旅游业的零散发展和不成体系，这预示着今后的旅游发展思路还需要进一步拓宽，栾川旅游业更需要一个全局化、整合化的发展思路，统筹旅游发展各要素，将旅游发展融入城市发展，实现旅游发展带动城市的全面发展。

二、“全景栾川”旅游整合思路

基于以上关于栾川旅游业内外部发展瓶颈的分析，发展和实现“全景栾川”亟须整合当前旅游产业，具体分为空间整合和产业融合两方面。

（一）空间整合——规模产生效益

空间整合有利于统筹旅游资源、协调区域旅游分工，改善旅游产品规模“弱、小、散”的局面，形成规模效应。空间整合依靠发展沟域经济、延展景区发展空间、土地流转实现。

1.珍珠串成项链，发展沟域经济

栾川地处秦岭余脉的伏牛山区，属典型的深山区县，由5大山系和4个沟川地带构成，沟川地带占栾川总面积的一半以上，“全景栾川”需探索出一条能带动广大沟域地区旅游发展的新道路。沟域旅游的发展，以发展沟域经济为总体思路，以精品景区为龙头，以互补产品为依托，以特色和主题营造为重点，连点成线，构建沟域旅游发展轴，形成全县旅游发展的骨架。

以发展沟域经济为总体思路。所谓“沟域经济”，就是集生态治理、新农村建设、种植养殖业、民俗旅游业、观光农业发展为一体的山区区域经济发展新模式。栾川的工矿业集中在山区，矿产资源的开采，污染了大气资源和水资源，废旧矿井和裸露的环境还限制了乡村旅游的发展。所以，在发展沟域旅游时，要尽可能地发挥山区优势，通过对沟域内部的环境景观、村

庄、产业进行统一规划，建成内容多样、形式不同、产业融合、特色鲜明的具有一定规模的沟域产业带。在旅游产业龙头效应的带动下，对沟域内的产业进行合理配置，对村庄布局进行科学调整，将农业与旅游业进行有效的对接和融合，将农产品转变为旅游文化消费品，提升农产品的附加值。山区农民将逐步从单纯的农业生产中解脱出来，从事农产品深加工、旅游产品的开发制作和民俗旅游接待等工作，工资性收入大大增加，农民的生活方式发生重大改变，生活观念也更趋于城市化、更加文明。

以精品景区为龙头，互补产品为依托。沟域内旅游产品需要适当整合，以便发展沟域经济，形成不同的旅游发展轴。沟域内以旅游景区为龙头，充分发挥龙头景区的带动作用；推进村景合一，开发互补性旅游产品；沟内的旅游产品宜动静结合，观赏性旅游产品与体验性旅游产品互补；大力开发特色农庄、特色花卉绿植观赏、养生制药、运动及其他体验性项目。

一村一品，一沟一色。沟内旅游资源整合时需注意营造主题，以便形成不同沟之间不同的旅游发展特色。栾川县着力培育的一批优秀且具有相当竞争力的旅游景区（点）基本分布在不同的沟内，而且景区之间的距离大都较远，使得沟与沟之间形成不同主题的旅游线成为可能。不同沟之间在开发相关旅游产品应尽量避免重复和雷同。例如，特色农庄和特色花卉绿植、农产品种植观赏园应尽量选取不同类型的花卉绿植及农产品；不跟风和盲目上马相同项目，开发不同类型的旅游产品，以免相互竞争。

2. 延展景区发展空间，与村落、城镇完美融合

景区的单点发展既限制了景区的进一步发展，又阻碍了景区带动效益的充分发挥。发展较好的景区，受空间范围所限，往往缺乏进一步拓展的区域，直接导致景区的提升改造项目无法实施，而刚刚起步的景区，也因范围受限而使其旅游产品体系和服务体系的完善面临困难。因此，景村合一、景镇合一的发展思路能有效地解决景区产品体系和服务接待体系不完善、发展范围受限、效益发挥受阻的问题。

景村合一。将景区的吸引体系、接待范围进一步拓展，将景区与周边的村庄进行整合。景区作为主要旅游吸引物，村庄主要发挥接待作用，并在一定程度上发挥吸引物的作用，景区与外围村落二者整合，共同构成旅游吸引物体系。景村合一除了能够最大限度地发挥景区的带动效用，拓展景区发展空间，完善景区产品之外，还能分担景区的接待压力，缓解景区人、财、物方面的困难，促进景区资源的保护。

图7-2 栾川合峪镇柳坪村

景镇合一。将离景区较近的城镇区域与景区融合成为景区的吸引体系和接待体系。城镇区域基础设施条件好，可以弥补景区接待服务设施不足，提升旅游景区接待档次，景区发展可促进镇区居民增收，提高镇区居民生活水平。镇区需要做好相关规划，提升道路、房屋的等级和档次，并注意景观的美感，适当增加宾馆和饭店等接待设施，强化镇区的生活服务功能。

图7-3 栾川赤土店镇

3. 土地流转，置换土地发展旅游

洛阳市提出了“土地流转、结构调整、生态旅游”三篇文章一起做的农业发展思路，栾川的许多乡镇在土地流转方面已经进行了尝试。各乡都已经尝试将置换农民的土地进行大规模的特色农产品或是特色花卉绿植的种植，置换农民的土地后，给农民补贴，并且就地解决了农民的就业问题。

土地置换能够集中大面积的土地进行规模化种植，培育特色产业，实现集约化生产。同时，大规模的特色农产品、花卉绿植的种植还为旅游业创造了优良的发展资源。依托大规模的种植基地，可发展集观赏和体验为一体的特色农庄，从而进一步提升栾川乡村旅游及农业和旅游业融合的水平和档次，促进乡村旅游升级换代。

图7-4　栾川土地流转花卉种植

（二）产业融合——“联姻”促成旅游模式升级

产业融合有利于扩大旅游的产业影响、扩展旅游市场范围、最大限度地发挥旅游业的带动作用、促进整体经济的发展。

1.促进旅游业与农业的深度融合

栾川县的乡村旅游已经基本成型，在几个重点景区的周边和景区内部大力发展农家接待和农家乐。2013年5月19日国务院副总理考察栾川重渡沟景区时对旅游带动农民致富的“农旅结合”的发展思路大加赞赏。

乡村旅游的基本发展思路有景区带动型、农庄核心型、景观房产带动型、古村落保护型等几种。第一代乡村旅游以农家乐为特色，第二代乡村旅游以乡村旅游新业态为特色，第三代乡村旅游以庄园为特色。栾川的乡村旅游目前还处于初级发展阶段，是典型的第一代乡村旅游。多数乡村旅游地提供的还是简单的农家接待和农家乐，许多景区内部和周边的农家乐甚至存在着只有“农家”没有“乐”的情况。因此，促进旅游业与农业的深度融合，推动栾川旅游的转型升级势在必行。

栾川在促进旅游业与农业的深度融合时，可酌情发展第二代、第三代乡村旅游，基于不同的乡村旅游发展思路，促进目前乡村旅游的快速升级。在有森林、河流、水库、民俗文化资源等特色资源的地方，积极发展第二代的乡村旅游新业态，如山水人家、民俗文化村等；结合土地流转政策及沟域经济的发展思路，探索第三代乡村旅游，试水乡村旅游的庄园化发展。

2.让工业旅游成为栾川旅游产品的亮点

栾川以工矿业著称，工矿业发展成为旅游资源并开发为旅游产品，不仅可以丰富栾川的旅游产品，还可成为栾川旅游的特色和亮点。

工业旅游产品的开发有两个路径，一是将工业生产过程开发成体验型旅游产品，二是将工业生产地、生产遗址开发成观光型、文化型旅游产品。栾川可选择适合开放的工矿企业的生产加工过程，开发成相应的旅游产品，也可对废弃的矿山和矿井，在环保处理之后，对游客开放，开发成矿山公园等产品。

3. 文化创意产业提升旅游产品内涵

旅游业与文化创意产业的融合主要体现在旅游产品的开发上，旅游业与文化创意产业复合发展，既能丰富旅游产品内涵，又能提升旅游产品形象。旅游业与文化产业的融合主要体现在旅游产品的开发上，用文化创意重新塑造旅游活动，将文化创意开发成旅游产品。

（1）栾川可适当开发主题公园、景观房产、文化街区等项目，通过文化产品提升景区和项目内涵，帮助塑造景区形象。

（2）在节事活动的开发上，聚零为整。目前栾川的节事活动数量较多，各景区都有自己的节事活动，但吸引力却不够，栾川需要重点打造几个具有一定吸引力且能持久举办的重点节事活动。

（3）开发旅游演艺项目，开发具有当地文化特色的旅游商品。

4.重点打造特色潜力行业

产业融合是旅游产品形成体系的重要方面，但更为重要的是结合栾川的资源特点，重点培育具有栾川特色的和发展潜力的行业，如美食、运动、中医药保健、疗养休养、工艺美术等，并促进特色潜力行业向旅游业的转化。

特色潜力行业向旅游业的转化思路有二，其一是成为专项旅游产品，其二是成为旅游服务要素（见图7-5）。有些特色潜力行业能够直接对游客构成吸引力，他们能形成专项旅游产品，如运动休闲、健康养生等；有些特色潜力行业能为游客提供直接或间接服务，形成旅游服务要素，如旅游餐饮、旅游商品、旅游购物等。促进特色潜力行业向旅游业转化，既丰富了栾川县旅游的旅游产品和旅游业态，完善了旅游服务，又实现了旅游产业的综合带动效应，进一步放大了旅游的带动效应。

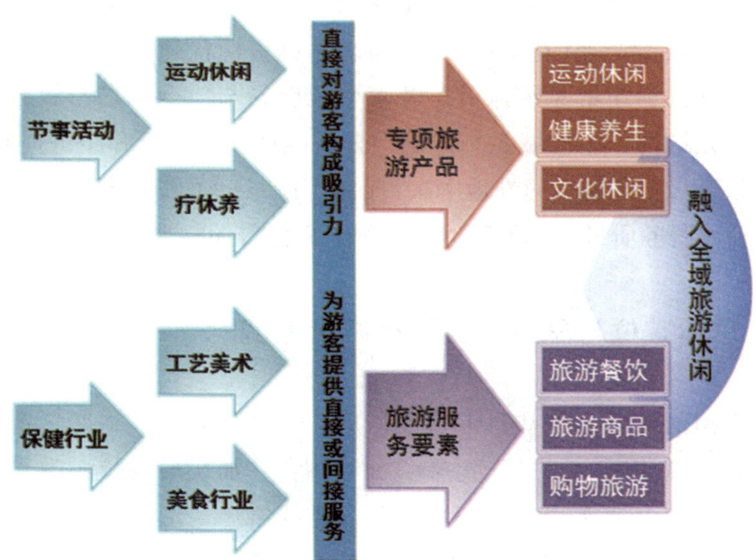

图7-5 特色潜力行业向旅游业转化思路

第二节 "全景栾川"战略规划

"全景栾川"的总体思路，是站在全区域统筹规划的战略高度，根据旅游发展的基本规律，弥合目前旅游业的弱势板块和不足，增强旅游业产业实力，同时通过旅游业的发展带动城市建设、人民增收及其他产业的发展。

一、战略构想：美丽栾川

在成功实践出“栾川模式”后，栾川县结合目前发展的瓶颈和未来的发展思路，又创造性地提出了“旅游引领，融合发展，产业集聚，全景栾川”的新的旅游建设路径。“全景栾川”，即全区域营造旅游环境，全领域融汇旅游要素，全产业强化旅游引领，全社会参与旅游发展，全民共享旅游成果，通过旅游业的引领发展，努力打造宜游、宜居、宜业的美丽栾川、幸福栾川。

“全景栾川”是发展全域旅游的一种探索性实践，将在全国率先树立县域范围内探索全域旅游的范例。所谓全域旅游，即是把一个行政区当作一个旅游景区，是旅游产业的全景化、全覆盖，是资源优化、空间有序、产品丰富、产业发达的科学的系统旅游。要求全社会参与，全民参与旅游业，通过消除城乡二元结构，实现城乡一体化，全面推动产业建设和经济提升。

“全景栾川”既能针对性地解决目前栾川旅游业面临的产业影响弱、内部结构不合理、服务质量不高的困境，又能全方位带动整个城市的建设和发展。

二、总体定位与思路：山地旅游度假区

基于栾川的资源条件和目前发展格局，“全景栾川”将栾川定位于发展成为山地旅游度假区。通过强化旅游资源整合，加快形成旅游观光、休闲度假和运动养生三大功能相互协调、彼此促进的格局，形成组合有序、功能互补、布局合理的区域旅游产品体系，提高旅游产品在国内外市场的影响力和对全省旅游的带动力，构造中原的“黄金旅游产业区”。通过建设国家级山地旅游度假区，着力打造四个标志性旅游品牌——特色鲜明、优势突出的国内知名旅游目的地，全国县域旅游发展的崭新样板，省级旅游改革配套实验区，伏牛山健身养生旅游目的地。通过规划共绘、交通共建、市场共拓、产业共兴，整合和优化配置旅游等各类资源，打响“全景栾川”品牌，把栾川建设成为国内外享有较高知名度的旅游目的地。

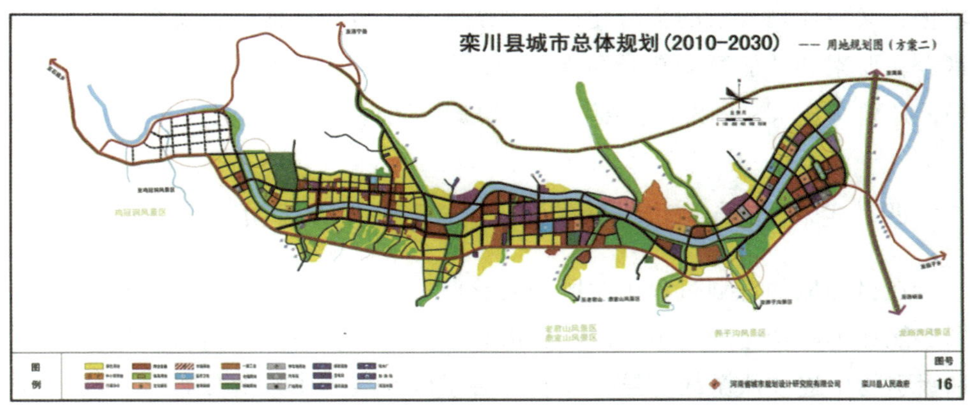

图7-6 栾川城市总体规划（2010~2030年）

在具体的“全景栾川”旅游发展规划上，以推进景区景点建设及新业态发展为重点，以文化休闲旅游创意为推力，以特色区块为支撑，构建以县城为核心的县城旅游休闲区、以周边乡镇为基础的环县城乡村旅游带、以旅游公路为骨架支撑的山地休闲板块，形成适应现代旅游休闲的新产品体系，实现旅游产品的百花齐放。

三、规划原则：统筹协调、全景规划

要实现“全景栾川”，首先要做好全景规划。“全景栾川”旅游规划是在全县总体发展框架下，借助旅游发展的力量，体现旅游发展的思路，用旅游的发展引领城市的发展。

“全景栾川”旅游规划与其他发展规划相互促进、相得益彰。在栾川的其他发展规划中，需全面支持和促进“全景栾川”建设，在经济建设、产业发展、功能分区上，积极构建“全景栾川”的服务体系和要素体系，构建“全景栾川”旅游发展的总体框架体系。

“全景栾川”需遵循统筹协调的原则。其规划面积涉及整个县域，不仅仅包括各景区，还包括县城及广大的沟域地区。在“全景栾川”的旅游规划中，需遵循整体协调、资源合理配置的原则，旅游规划既要体现地域上的全域化，又要体现要素的全域化；既要统筹各旅游功能区，又要统筹各旅游要素。在要素和功能区的布局和规划上，既要符合区域发展目标，又要放眼全局，还要符合未来的发展需要，综合协调，实现整体效益最大化。

四、空间布局："一核、二区、三带、八组团"

在目的地的规划过程中，既需要化整为零，将旅游目的地划分成具有不同功能和不同特色的旅游片区，也需要连点成线，将不同类型和特点的景点和吸引物串连成旅游线。结合现有旅游景区和接待体系的分布，全域布局，优化空间结构，构建"一核、二区、三带、八组团"的旅游休闲空间格局。

（一）"一核"

一核指的是县城旅游休闲核。以游客集散中心和服务基地为主题，主体项目包括：游客中心、地质博物馆、东岭植物园、文化艺术中心、特色旅游街区、县城建筑景观化改造。

（二）"二区"

二区指的是县城和潭头镇两个旅游产业集聚区。主体项目包括：星级度假酒店、风情小镇、会展中心、休闲娱乐街区、旅游地产、学校、医院、体育场等。

（三）"三带"

三带指的是九龙山至重渡沟至金牛湖南北景观带；合峪县界至老君山至鸡冠洞至滑雪场至陶湾红崖岭东西景观带；栾川县城环城观光带。

（四）"八组团"

八组团指的是以下组团：

（1）养生养老组团。以城关镇、栾川乡为主体，以鸡冠洞、老君山、养子沟、寨沟等景区为支撑景区，以休闲度假、康体养生为主题，主体项目包括乡村旅游、养老公寓、置业型托老养生场所、健身养生项目等。

（2）山地运动组团。以石庙镇、陶湾镇为主体，以伏牛山滑雪度假乐园为支撑景区，以山地运动为主题，主题项目包括滑雪、高尔夫、山地自行车、汽车赛道、汽车营地、拓展徒步、攀岩、蹦极、网球、篮球场等。

（3）旅游特产组团。以白土镇、狮子庙镇为主体，以连翘等中药材、核桃等经济林种植加工为主体，主体项目包括中药材基地、林果基地。

（4）休闲度假组团。以庙子镇、石庙镇、赤土店镇等城郊为主体，以龙峪湾、金牛湖为支撑景区，以消夏避暑、山地度假为主体，主体项目包括高端休闲度假村、主体酒店、青年旅舍等。

（5）休闲农业组团。以合峪镇为主体，延及潭头镇、庙子镇部分区域，以休闲农业与乡村旅游为主题，主体项目包括采摘园、观光园、垂钓园，发展鲜果、蔬菜、花生、食用菌、板栗等观光休闲农业。

（6）钼矿工业游组团。以赤土店镇、冷水镇为主体，以钼矿工业游为主题，主体项目包括钼矿工业园、钨钼科技园、钼矿博物馆、钼矿深加工等。

（7）温泉疗养科考组团。以潭头镇、秋扒乡为主体，以重渡沟、九龙山疗养院为支撑景区，以温泉疗养、乡村度假、科考探险为主题，主体项目包括SPA会馆、温泉度假村、乡村酒店、农家体验、恐龙科考园等。

（8）高山避暑组团。以三川镇、叫河乡为主体，以抱犊寨、倒回沟景区为支撑景区，以高山避暑、休闲观光、高山农业为主题，主体项目包括高山观光、度假宾馆、野营露宿、高山农业园等。

图7–7 案例编写组调研三川镇抱犊寨景区

五、产品体系：山地观光、度假、运动、养生“四位一体”

为建设山地度假区，实现旅游发展转型，需促进旅游功能从单纯“观光”向观光、休闲、运动、疗养多位一体的发展跨越，构建巨型旅游产品。

（一）重点打造两大王牌产品和三大专项产品

其一，打造生态休闲产品、文化旅游产品两大王牌产品。利用资源多样性特点，通过促进度假设施集聚布局，构建生态度假产品集聚区；利用道家文化、伊尹文化等，通过特色旅游，开发特色文化旅游产品。

其二，打造健康养生、运动休闲、商务会奖三大专项产品。

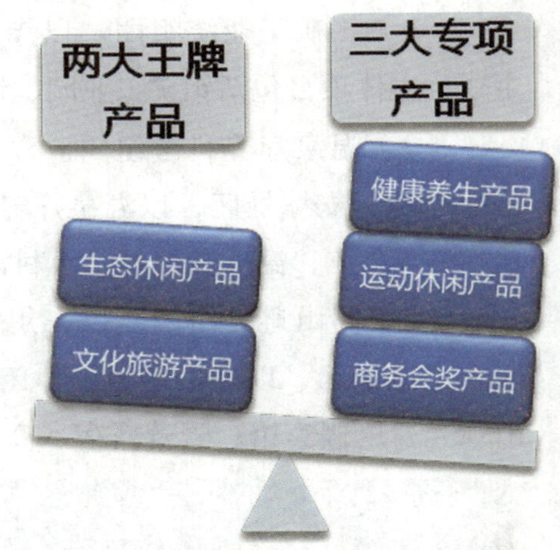

图7-8 “四位一体”的旅游产品体系

健康养生产品与其他旅游产品充分对接，发挥产品集聚优势，打造特色健康养生旅游产品体系，重点推进“中草药、SPA、疗养、温泉”健康养生产品集群。

开发高端、大众和特种等多层次的运动休闲项目，高端运动休闲项目，如滑雪；大众运动休闲项目，如漂流、水上运动和娱乐；户外特种运动项目，如登山、探险、徒步、拓展训练等。

把商务会奖项目的重点放在休闲度假区的商务会展产品，如建设会议中心、会议度假村等。

（二）完善景区旅游产品，建设精品休闲度假增长极

各精品景区及其周边区域组成精品休闲度假增长极，以自身高品质的旅游景区为旅游核心，在整合提升风景观光的基础上，完善综合服务功能，引入高端运动、康体、养生、娱乐、商务、度假、旅居等现代休闲度假功能，打造栾川的休闲度假旅游增长极，最终成为“中原首选、全国一流、世界知名”的休闲度假旅游目的地。在加强景区软硬环境建设的基础上，拓展核心景区吸引力辐射范围，通过休闲业态集聚区的打造，提供新的吸引物，拓展

景区吸引力，丰富旅游者的休闲体验，打造"栾川特色"的旅游休闲方式。

围绕景区休闲度假增长极的建设，需进一步做到：

（1）制定专项规划；

（2）提升景区综合服务功能和承载能力；

（3）强化度假酒店的开发建设；

（4）积极打造水上、森林、山地、宗教等特色度假产品；

（5）积极开发乡村旅游，通过乡村旅游带动腹地农村农民致富。

（三）大力发展旅游新业态

大力发展漂流、中医、温泉、康复疗养、养生养老、汽车营地、高尔夫、山地运动等新业态，配合王牌产品和专项产品的建设，进一步顺应旅游需求的发展形势，丰富栾川的旅游产品，实现市场的开拓和产品的转型。

六、产业要素："食、住、行、游、购、娱"六维驱动

旅游业的进一步深入发展，需要相对完善的旅游产业体系。完善的产业要素将最大限度地发挥旅游业效用，促进社会经济发展。旅游产业要素之间相互促进，共同发展，而其中一类产业要素发展的不完善，将大大制约其他要素功能的发挥，从而限制整体旅游业的发展。所以，在完善基本游览产品的同时，还需完善其他产业要素，弥补栾川现有产业要素的不足，拓展产业潜力和产业实力，提升产业影响。

旅游饮食应以本地特色为主，开发面对不同需求层次的团餐、特色农家饭、高档宴请餐饮等不同类型的旅游餐饮；推动星级农家乐建设，开发特色餐饮；举办餐饮培训班和美食大赛，提升餐饮服务水平；不同区域的农家乐选择不同的特色餐饮，避免雷同和相互竞争。

在服务接待要素的建设上，主要任务是提升现有农家接待设施的接待水平，加强中高档旅游接待设施的建设，促进旅游产品转型，提高县城旅游接待水平。鼓励景区周边和部分景区内部的农户从事农家接待服务，形成有特色、有乐子的农家乐产品，推行乡村旅游接待户和接待村的标准化，提高其服务水平和服务质量；大力发展中高档星级酒店，发展温泉、山地、高尔夫

等主题型高端休闲度假酒店；鼓励发展商务酒店、青年旅馆、乡村农家乐和汽车旅馆等特色酒店；加大对当地旅行社的扶持力度。

图7-9　栾川旅工委主任孙欣欣（右二）陪同省旅游标准化验收组验收旅游名镇建设

栾川已建成连通各大景区和进入各大景区的旅游道路交通网络，下一阶段旅游交通体系建设的主要目标是持续改善道路交通条件，着重完善公共交通体系；加强交通应急体系建设，保障交通安全，保障游客“进得来、出得去、散得开”；在改善道路条件的同时，应加强道路景观建设，注重道路的景观建设及道路周边的服务设施。提升通往老君山、龙峪湾等主要景区干线公路的旅游公路档次；规划建设从县城至老君山、鸡冠洞、养子沟等周边景区的自行车绿道；按照运动、景观、休闲大道的标准，建设好洛栾高速至老君山、鸡冠洞景区迎宾大道；策划连接龙峪湾、老君山、滑雪场、鸡冠洞等旅游专用公路；道路两边适当地建设自行车道、汽车营地、旅游集散中心和咨询服务中心等。

重点培育具有栾川特色的旅游商品。将中药材、水晶、黄蜡石、藤编等栾川特产开发成具有栾川特色的旅游商品，将旅游商品的生产、加工和销售作为具有资源和产品优势的乡镇主打产业，采用“公司+农户”或“旅游商品+合作社”的形式，带动乡镇居民进行旅游商品的生产、加工和销售。

提高全县娱乐产品层次和水平，加强县城娱乐设施建设；在不同景区的漂流、中医、温泉、康复疗养、养生养老、汽车营地、高尔夫、山地运动等新业态的基础上，开发体验性高、参与性强的类型多样的娱乐产品。

图7-10 栾川大峡谷漂流

七、市场开拓：以中原为基础，东进北扩

栾川的核心市场主要是洛阳的周边市县及郑州市、开封市、焦作市、三门峡市等河南省内的主要旅游客源地；基本市场主要包括河南的周边省份，如陕西、山西、安徽、河北、山东等省份。结合目前栾川旅游市场的分布特点，其市场范围仍然主要定位在中原地区，以周边省市为主，特别是省内的主要城市（见图7-11）。

在市场开拓上，需抓住自身资源特色，发现利基市场，规避周围竞争，稳步推进市场的开拓；在深入挖掘现有市场潜力的基础上，尽可能拓展东部和北部等经济发达地区的市场；在市场营销上，尽可能采用持续性强、针对性好的市场营销策略，适当运用事件营销等短时性、轰动性营销手段。

围绕“政府做形象，企业做市场”的思路，政府和旅游主管部门需整合营销方式，在栾川的整体旅游形象营销上扮演主要角色。信息技术在目的地市场营销上的运用，将大大改变栾川目前市场营销整合不够的现状，尤其是信息技术对旅游营销渠道的整合。

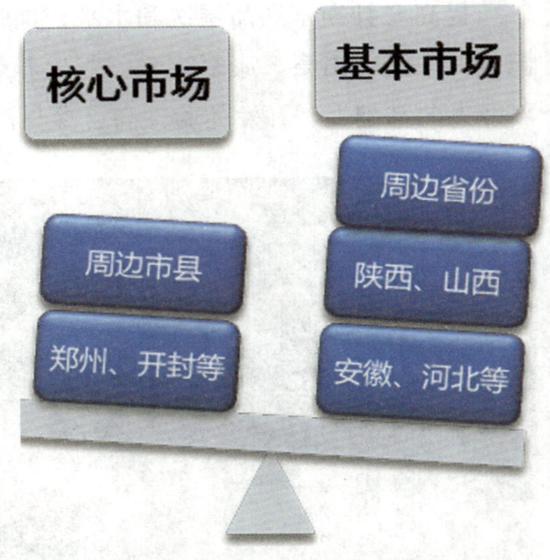

图7–11　栾川旅游市场示意图

栾川需构建即时、中效和长效三个营销传播机制。即时传播工具包括广播、电视、报刊、网络、微博、微电影、移动客户端等，中效传播工具包括杂志专刊、活动纪念册等，长效传播工具包括纪录片、专题品牌图书、画册等。在传统营销渠道之外，注重线上营销，如网络营销，充分运用新媒体，如微博、微信、微电影及移动客户端。景区之间进行合作，加强栾川作为旅游目的地的整体营销。

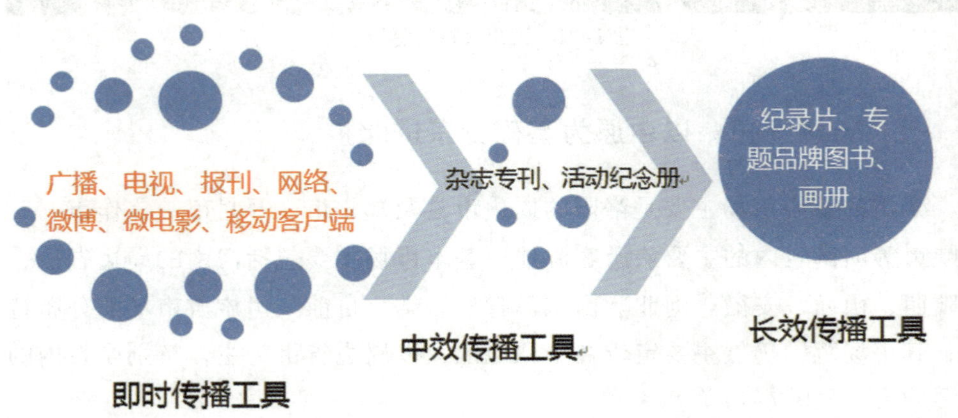

图7–12　即时、中效及长效营销传播机制的构建

第三节 "全景栾川"发展策略

"全景栾川"的战略规划已经勾勒出"全景栾川"的发展目标和蓝图，仅有目标和蓝图还不够，还需要"全景栾川"的具体发展策略。"全景栾川"的发展策略主要分为景观体系、接待体系和公共服务体系的建设三方面。

一、景观建设——处处皆是景

实现"全景栾川"，特色在"景"。"景"的营造不仅仅是景区（点）的建设，更是县城、乡村的景观化建设，而且景观化的建设需要特色鲜明，各有差异。"全景栾川"的景观建设主要内容包括总体环境、景观大道、县城景观、乡村景观、建筑景观等。

(一) 加强环境治理，营造良好的整体旅游环境

整体旅游环境是栾川旅游形象的基础，因此总体环境的营造是其他景观建设的基础。众所周知，栾川作为传统工矿业大县，由于工矿开采对空气、水源、森林都造成了不同程度的污染。为营造"全景栾川"良好的旅游环境，仍需进一步加强废旧矿山的环保处理，加强生态保护，植树造林，净化河流，对开矿密集的山体实施植被恢复，通过人工设计和恢复措施，恢复和重新建立一个具有自我恢复能力的健康的生态系统。实施县域内水域和山体等的综合保护工程，加强县城的环境治理和改造，将水域和山体景观化。

（二）一路风景一路行，推进景观大道建设

栾川已初步建成联通各主要景区的旅游路以及周边地区进入栾川的道路，为配合"全景栾川"建设，应进行旅游道路的景观化。现有旅游道路的等级较低，周边设施比较欠缺，在建设景观大道时，既要提升道路等级和档次，又要注意营造道路两边的景观环境。

（1）在洛阳及其他市县通往栾川的主要道路出入口设置旅游景观大门及景观小品，帮助形成栾川的旅游形象。

（2）在旅游路两旁栽种花草绿植，设置景观小品和观景平台，在花草绿植的选择上，尽量在不同景观大道栽种不同类型的植被，四季有变幻，颜色各不同，并借此创造更大的经济收益。

（3）美化生态景观大道两旁的移民小区。在原有形制上提升文化品位和文化特色，满足文化性、特色性及景观协调性。

（4）加强道路周边服务设施的修建，如旅游标识物、公共厕所等。

（三）县城与村庄共同建设，改善整体旅游风貌

在进行景观建设时，县城与村庄切忌分离，而且须协调统一，共同营造整体的旅游环境。县城景观营造的主旨是集散中心和生活服务中心建设，而乡村景观营造的主旨是乡村文化的保护、提炼和重塑。

（1）县城景观和风貌营造。栾川县城作为栾川旅游最大的集散中心，其景观营造的重要性是不言而喻的，县城景观营造最重要的是城市整体旅游风貌的营造。县城的街道、楼房等的外部设计和布局要能体现和营造出旅游城市的整体风貌，保持县城天际线（Skyline）的景观协调；建设城市景观小品和雕塑，做好城市的卫生工作；开发绿地公园、市民广场，推进县城文化公园建设，强化县城的休闲功能；完善县城的基础设施，如水电、通信、道路等，适当设置广场、停车场等便民设施；完善县城生活体系，进行商业、文化、娱乐等配套基础设施建设；引导休闲度假业态向县郊集聚，推进县城环城游憩带的发展。

图7-13 栾川庙子镇庄子村

（2）乡村景观改造和重塑。乡村景观是乡村生活的载体，乡村旅游的依托，是乡村旅游发展的主要吸引要素。因此，在乡村旅游的发展和乡村景观的改造中，首先要注重乡村风貌的保护、民俗文化的挖掘整理、原住民生活环境的原真性维护；同时，提升乡村旅游发展质量，注重乡村旅游设施的建设、乡村旅游项目的策划、乡村旅游品牌的培育、乡村旅游市场的拓展、乡村旅游线路的形成，以此促进乡村景观的保护。

乡村景观在改造和重塑时，应该秉承"先规划，后建设"的原则，当地政府或是景区管理机构要做适当引导，按照一定标准实施建设，在不破坏原有乡村景观价值和景观美感的前提下，形成新的乡村景观；对于位于公共区域的乡村景观，政府须做好规划，引导农民进行乡村原有破旧、脏乱风貌的改造，营造乡村新风貌；作为主要旅游吸引物的乡村景观，在改造和修缮之前须做好相应的规划，既符合整体利益，又不损害当地社区的利益；不宜进行大幅度改造的乡村景观，需在不改变其基本结构和外在风貌的前提下，做适当修缮和改造，使其更具旅游观赏性。

图7-14 栾川白土镇

（3）民居改造是重点。栾川县的民居风格是典型的豫西风格，在"全景栾川”的景观改造、旅游吸引物和旅游接待体系构建时，维持栾川特色的民居风格，开创新的中式建筑景观是县城和乡村景观建设中的重点。

采用“旧元素、新形式”的发展思路，提炼豫西建筑特点，融入建筑景观的营造中。栾川民居的重要特征是拱形门窗的应用及建筑门窗外部的灰砖砌成带状环形纹路，因此可以提炼出这些建筑元素，在新的居住、商业、行政建筑中得以体现。

大量采用新中式建筑。新中式建筑特点鲜明，其形式力求创造出富有中国传统空间意境的氛围，立面风格以传统建筑中的灰瓦、石材以及玻璃等具有品质感的材料和色彩，辅以现代建筑的文化与特色，使建筑风格显得简洁、大气，富有时尚感。在“全景栾川”建设中大量采用新中式建筑，既可提升旅游产品形象，又可改善栾川的目的地形象。

县城建筑、乡村建筑、景区度假建筑各自形成特色。县城建筑群在体型的设计上须错落有致，进退分明，以丰富城市空间和城市天际线。通过景观广场的绿化，集中绿地和道路绿化系统、人文气息浓厚的休闲小广场，为建筑、城市与道路之间提供良好的过渡。临街建筑的设计中注重门窗、屋顶的特色，青砖黛瓦粉墙、高低错落，同时增加现代元素，突出建筑的美感和厚重素雅的城市形象。村庄和乡村道路两旁的移民新居，需注重山水与建筑的融合，形成水墨山景与居住区渗透的景观体系结构，体现人与自然的和谐相处。景区的度假建筑，应充分利用周边山体与水体，通过“大与小”、“开放与封闭”、“动与静”等空间意向处理手法，形成“柳暗花明又一村”的景观美感。

二、接待体系——全面实行标准化

目前旅游接待体系不够完善，服务质量有待提升，严重制约了栾川旅游向更高层次发展，成为栾川旅游发展的软肋。栾川旅游迫切需要旅游接待体系的全面标准化，形成栾川旅游接待体系的统一标准。这既便于管理，又能保证旅游服务质量，提升旅游接待体系层次，还有利于形成栾川良好的旅游形象。

旅游的全面标准化主要针对旅游接待设施和旅游服务设施，应将全面标准化推进到旅游服务的全过程。旅游接待设施包括星级宾馆、饭店、民俗接待户、乡村旅游接待户，旅游管理部门应形成标准化的管理和等级评定，颁发相应资质，构建统一的评分标准和监督准则；旅游服务设施包括旅游信息咨询中心、旅游厕所等，形成统一的建设风格和服务标准，力求提供良好的旅游服务。

三、公共服务——信息助力旅游腾飞

栾川旅游在逐步强化市场机制，促进旅游产业形成与发展的同时，需要不断加强公共服务，政府及旅游主管部门需要在市场营销、公共管理等方面发挥主要作用。信息技术的运用大大改观了旅游业的发展，促进了旅游业的腾飞是一个不争的事实，信息技术的运用是推动科学的旅游管理、提升旅游服务质量的关键因素。因此，政府在提供公共服务时，不可忽视信息技术在旅游业发展中的作用。发展全域旅游，实现信息的全域覆盖便是“全景栾川”建设题中的应有之义。

首先，栾川旅游主管部门需推动各大景区的数字化管理。鼓励景区开发网络服务平台，创新旅游服务模式，开发旅游电子商务系统、门禁票务系统、电子导览系统、OA办公自动化系统、GPS车辆调度系统等信息化管理系统。在各景区信息化和数字化建设的基础之上，进而构建整个栾川大的旅游信息系统，促进栾川县整体旅游活动的科学有序管理。

其次，运用新兴的目的地管理手段和信息传递方式进行目的地的管理。随着手机、平板电脑等便携式设备的普及，各旅游参与者对旅游信息的即时传递和获取有了更高的要求。目的地旅游管理部门需更加关注移动客户端的技术运用，如各类APP的运用，可构建传递栾川景区管理信息的管理者终端和员工手机终端、传递旅游信息的游客手机终端等，将其发展成为集目的地管理、服务和营销的一种即时管理工具。

最后，还可进一步考虑县域内免费Wi-Fi的覆盖。届时，对于游客而言，一部手机游遍整个栾川也将成为可能。

“智慧”的发展趋势将势不可挡，因为消灭“信息孤岛”，实现数据共享是大势所趋。智慧旅游使景区和目的地的运营管理更加有序、安全、可控和节能；旅游服务更加高效、简洁、随身、可靠；突发事件处理更加准确、快速、并行、协同，最终实现“信息实时，功能联动、运作分工、控制集中”。这些都是全域旅游目的地所必不可少的，开展智慧旅游将是提升“全景栾川”公共服务的关键因素。

后 记

本案例是继《呀诺达模式》之后的第二部MTA案例。《呀诺达模式》侧重旅游景区管理，《全景栾川》则是县域旅游目的地发展的经典案例，也是县域旅游经济发展战略的经典案例。在调研过程中，我们深深地感到栾川县委书记樊国玺、县长昝宏仓审时度势，大抓旅游，不遗余力对栾川模式深化提升、不失时机提出建设全景栾川的宏伟构想。栾川县委副书记、县旅游工作领导小组组长宗玉红以及副县长张向阳着力推动全景栾川谋划建设，为全国县级全域旅游发展提供了开端和范本。同时，在调研过程中，我们深深地为洛阳市委市政府、栾川县委县政府几代领导（刘中山、任国忠、谷树森、卢忠时、娄卷明等）的睿智与远见所折服。有好多领导亲自指导案例的编写并提供了许多有益的建议。课题调研得到了洛阳市旅游发展委员会孙小峰副主任的大力支持。作为"栾川模式"的见证人，他为《全景栾川》提供了丰富的素材。栾川县旅游工作委员会为本案例的编写提供了实地调研接待以及大量的文献资料和照片。孙欣欣主任为本案例的编写提供了全程的指导，胡建武、段军伟副主任及吴钧君先生全程陪同调研，并负责提供大量的文字与绝大多数图片资料。重渡沟风景区原延红总经理、刘海峰副总经理详细介绍并高度提炼了重渡沟乡村旅游发展模式。编写组人员被杨植森、张建献、李松峰、韦平川、杨宝国、马海明、张志钦、任献国、王晓虎等"栾川旅游功勋人士"的动人事迹深深感动。栾川人民缔造了"栾川模式"的神话，奇迹般地在中原大地实现了冰雪运动"北雪南移"的壮举，天才地构建了"全景栾川"远景。

衷心感谢经济管理出版社王光艳主任的精心编辑。没有她的不断鞭策与催促，本案例的出版将会遥遥无期。

本书得到了北京市教育委员会2013年长城学者培养计划项目《中国遗产保护与旅游开发协调机制》（CIT&TCD20130302.）(2013-2015)、北京市教育委员会2013年度创新能力提升计划项目（人文社科艺类TJSHS 201310031011），以及北京旅游形象国际整合营销与创新传播战略研究

（2013–2015年）（合作单位：北京市旅游发展委员会）的资助。同时，本书出版得到了北京第二外国语学院新办专业饭店管理专项资助。

本书由中国遗产旅游研究中心的研究人员、北京第二外国语学院旅游管理学院的教师与研究生合作编写。邹统钎设计框架与章节的厘定，并负责全书统稿。中心客座研究员英国伯恩茅斯大学（Bournemouth University）的Cang Shuang 教授参与了本案例的调研，为案例编写提供了很好的建议。澳大利亚昆士兰大学（University of Queensland）的Noel Scott教授对案例编写提出了修改建议。刘胥泉博士参与了调研并对文稿做了修改。黄琳琳负责图文总体整理，郝玉兰参与文字润色。案例编写分工：第一章为王晓梅；第二章为任亚青；第三章为任亚青；第四章为黄琳琳；第五章为吴婷婷；第六章为黄琳琳、王晓梅；第七章为金川。

因时间仓促，本书在编写过程中难免会挂一漏万，再版时我们将会根据读者意见补充完善。

邹统钎

2014年3月11日于北京市朝阳区定福景园

E-mail: zoutongqian@bisu.edu.cn

案例编写组成员在栾川调研